Sitzungsberichte der
Akademie der Wissenschaften der DDR
Gesellschaftswissenschaften

Jahrgang 1975 · Nr. 4/G

Disziplinäres und interdisziplinäres Wirken

Jürgen Kuczynski zum 70. Geburtstag

AKADEMIE-VERLAG · BERLIN
1975

Vorträge und Ansprachen auf dem Festkolloquium
der Akademie der Wissenschaften der DDR am 18. September 1974
aus Anlaß des 70. Geburtstages von
Prof. Dr. Dr. h. c. Jürgen Kuczynski,
Ordentliches Mitglied der Akademie der Wissenschaften der DDR

Herausgegeben im Auftrage des Präsidenten
der Akademie der Wissenschaften der DDR
von Vizepräsident Prof. Dr. Heinrich Scheel

Erschienen im Akademie-Verlag, 108 Berlin, Leipziger Str. 3—4

Lizenznummer: 202 · 100/288/75
Gesamtherstellung: VEB Druckhaus Köthen
Bestellnummer: 752 888 1 (2010/75/4/G) LSV 0155
Printed in GDR
EVP 4,—

Inhalt

Helmut Koziolek

Eröffnung und Begrüßung

Verehrte Anwesende!

Zur heutigen Festveranstaltung anläßlich des 70. Geburtstages von Jürgen Kuczynski begrüße ich Sie sehr herzlich. Wir haben uns auf Einladung des Präsidenten der Akademie der Wissenschaften der DDR, der Vorsitzenden der beiden gesellschaftswissenschaftlichen Klassen und des Direktors des Instituts für Wirtschaftsgeschichte hier versammelt, um dem Jubilar zu gratulieren und ihn durch wissenschaftliche Beiträge, durch die Darlegung neuer Forschungsergebnisse bzw. Problemstellungen zu ehren.

Wir können uns nicht vornehmen, eine allseitige Würdigung der wissenschaftlichen Leistungen Jürgen Kuczynskis, des gesamten Spektrums seiner Forschungen zu versuchen. Dieses Spektrum ist sehr breit und durchdringt viele gesellschaftswissenschaftliche Disziplinen, erfaßt eine große Zahl interdisziplinärer Probleme. Die Fragen, denen er nachgeht, reichen von der Grundlagenforschung bis hin zur gesellschaftlichen Wirksamkeit neuer Erkenntnisse im Kampf der Arbeiterklasse und ihrer Partei bei der Überwindung des Kapitalismus bzw. bei der Gestaltung der sozialistischen Gesellschaft. Wir können unserem Anliegen hier nur gerecht werden, wenn wir disziplinäre Grenzen einzelner Wissenschaftszweige überwinden, interdisziplinäre Aspekte in den Mittelpunkt rücken und dabei gleichzeitig eine enge Wechselbeziehung von Theorie und gesellschaftlicher Praxis herstellen. Es ist sicher kein Zufall, und es macht die Wissenschaftlerpersönlichkeit Jürgen Kuczynskis ganz deutlich, daß die Anforderungen, die die sozialistische Gesellschaft an die Wissenschaft insgesamt stellt, auch Anforderungen an die Würdigung seines bisherigen Werkes sind, mithin in seinem Werk verwirklicht wurden. Ich kann Ihnen als Vortragende unseres heutigen Kolloquiums deshalb Vertreter der verschiedensten Wissenschaftsdisziplinen, Historiker, Philosophen, Ökonomen, Statistiker, Wirtschaftshistoriker, Physiker, Literaturwissenschaftler, Wissenschaftstheoretiker und darunter auch Kampfgefährten aus langer Wegstrecke ankündigen. Besonders begrüße ich selbstverständlich zunächst unseren verehrten Kollegen Jürgen Kuczynski und seine liebe Gattin Marguerite Kuczynski, ich begrüße die Kollegen aus dem Ausland, die unserem Ruf zur Ehrung Jürgen Kuczynskis gefolgt sind, Prof. Melnikow, den Leiter der Abteilung Europäische Länder des Instituts für Weltwirtschaft und Internationale Beziehungen der Akademie der Wissenschaften der UdSSR, das Mitglied der Polnischen Akademie der Wissenschaften Prof. Zawadzki, das Mitglied der Tschechoslowakischen Akademie der Wissenschaften Prof. Vanecek, ich begrüße Oskar Neumann, Mitherausgeber des *Kürbiskern,* der Zeitschrift für Literaturkritik und Klassenkampf, München, ich begrüße den Kandidaten des ZK und Ersten Sekretär der Kreisleitung der Sozialistischen Einheitspartei Deutschlands an der Akademie der Wissenschaften der DDR, Dr. Horst Klemm, ich begrüße ferner die Akademiemitglieder, die ständigen Gäste der beiden gesellschaftswissenschaftlichen Klassen, die Mitarbeiter der Akademie sowie die zahlreichen Freunde und Schüler des Jubilars, die gekommen sind. Ich darf nunmehr den Vizepräsidenten unserer Akademie Prof. Scheel bitten, die Laudatio vorzutragen.

Heinrich Scheel

Laudatio

Lieber Genosse Jürgen Kuczynski, liebe Genossin Marguerite Kuczynski, meine Damen und Herren, liebe Freunde!

Es ist ganz gewiß kein leichtes Unterfangen, ein so ausgefülltes Leben, ein vor allem wissenschaftlich und politisch so produktives Leben wie das unseres Mitgliedes Jürgen Kuczynski, der ja gestern nicht nur 70 Jahre alt geworden ist, sondern der in dieser Zeit auch schon ein halbes Jahrhundert hindurch ständig publiziert hat, zu umreißen, geschweige denn zu würdigen — und das in einer notwendig knapp gehaltenen Laudatio.

Natürlich könnte ich auf eigene schriftliche Äußerungen Kuczynskis verweisen, die Wesentliches über sein Werden und Wirken aussagen und an denen es nicht fehlt — beispielsweise seine Schrift über den Vater René Kuczynski, seine Geschichte der eigenen Bibliothek, seinen jüngst erschienenen Memoirenband —, zu Hilfe aber kommt mir vor allem die Bibliographie seiner sämtlichen Schriften, die in dem eben herausgebrachten Festband für Jürgen Kuczynski veröffentlicht wurde. 2067 Titel weist diese Bibliographie aus. Zeugt diese Zahl allein schon von der unwahrscheinlichen Intensität und Produktivität dieses wissenschaftlichen Lebens, so offenbart ein Blick in die Titelliste eine nicht minder stupende Breite und Tiefe seiner wissenschaftlichen Interessen; eines vor allem anderen aber macht die Bibliographie deutlich, daß nämlich die Wissenschaft im Leben Kuczynskis nie Selbstzweck, sondern immer und überall mit der politischen Wirksamkeit für den gesellschaftlichen Fortschritt aufs innigste verbunden war, ist und sein wird.

Am 17. September 1904 in Elberfeld geboren, hat ihn — wie er selbst sagt — „viel, unendlich viel Glück, im Sinne von Zufall günstigster Umstände", sein Leben lang begleitet. An den Universitäten Berlin, Erlangen und Heidelberg studierte er Philosophie, Finanzen und Statistik. Zwanzigjährig promovierte er in Erlangen mit der Arbeit *Der ökonomische Wert. Eine wirtschaftshistorische, soziologische und geschichtsphilosophische Betrachtung.* Die erste größere

Arbeit in Buchform erschien 1926 unter dem Titel *Zurück zu Marx.* Im gleichen Jahr ging Jürgen Kuczynski für längere Zeit in die USA, absolvierte dort ein postgraduales Studium an der Brooking-School und leitete von 1927 bis 1928 die statistische Abteilung an der amerikanischen Gewerkschaftsorganisation *American Federation of Labor.* Seine bedeutsamste wissenschaftliche Leistung in dieser Zeit bestand darin, die Aufmerksamkeit auf den marxschen Begriff des Relativlohns gelenkt und erstmalig Berechnungen von Relativlöhnen für die USA durchgeführt zu haben. Der Relativlohn als Kategorie der marxistischen Lehre von der Lage der Arbeiter wurde durch diese statistischen Berechnungen zu einer quantitativ faßbaren Größe, so daß die Lohnkämpfe der amerikanischen Gewerkschaftsbewegung eine wesentliche, wissenschaftlich begründete Orientierung erfuhren. Schon hier dokumentiert sich der eingangs genannte Grundzug des wissenschaftlichen Lebens von Jürgen Kuczynski, nämlich der Drang zur unmittelbaren Umsetzung der in der Forschung gewonnenen Erkenntnisse in die Praxis des Kampfes für den gesellschaftlichen Fortschritt.

1929 wieder in Berlin, gab er bis 1933 die *Finanzpolitische Korrespondenz* und von 1933 bis 1934 die *Konjunkturstatistische Korrespondenz* heraus. In diesen Jahren wandte sich Kuczynski immer stärker der Untersuchung der Geschichte der Lage der Arbeiter in Deutschland, in den USA, in England und Frankreich zu, dabei an das Werk seines Vaters René Robert Kuczynski anknüpfend, dessen Buch *Arbeitslohn und Arbeitszeit in Europa und Amerika 1870 bis 1909* in der wissenschaftlichen Welt höchste Anerkennung gefunden hatte und von Lenin eine „Hauspostille der Löhne“ genannt worden war. Parallel und in ständiger Wechselwirkung mit dieser wissenschaftlichen Arbeit war Jürgen Kuczynski – seit 1930 Mitglied der Kommunistischen Partei Deutschlands – als Wirtschaftsredakteur bei der *Roten Fahne* tätig, wirkte er an der MASCH, der *Marxistischen Arbeiter-Schule,* leitete er einige Jahre hindurch die Abteilung Information der RGO, der Revolutionären Gewerkschaftsopposition, arbeitete er in der Reichsleitung der KPD mit.

Nach drei Jahren illegaler Arbeit im faschistischen Deutschland, die Jürgen Kuczynski als die entscheidendsten Jahre für seine politische und menschliche Entwicklung betrachtet, emigrierte er 1936 auf Weisung der Partei nach England, um den antifaschistischen Widerstandskampf vor hier aus fortzusetzen. Er war als redaktioneller Mitarbeiter des *Labour Monthly* tätig, schrieb für den Freiheitssender 29,8, gehörte zu den Gründern der *Free German League of Culture,* dem Freien Deutschen Kulturbund; zahlreiche Publikationen und Vortragsreisen durch England, Frankreich und die USA kennzeichnen sein rastloses Wirken im internationalen antifaschistischen Widerstand.

So sehr diese Zeit durch den politischen Kampf geprägt und auch ausgefüllt war, besaß für Jürgen Kuczynski dennoch die Einheit von Politik und Wissenschaft eine derart zwingende Gewalt, daß seine Forschungen zur Geschichte der Lage der Arbeiter niemals ruhten. In den Jahren von 1942 bis 1946 erschien dann auch zum ersten Mal eine fünfbändige Ausgabe seines Hauptwerkes in London: *A short history of labour conditions under industrial capitalism.* Die Bände umfaßten die entsprechenden Untersuchungen für Großbritannien und das Empire, für Frankreich, die USA und für Deutschland, wobei der historische Zeitraum jeweils von der bürgerlichen Revolution dieser Länder bis zur Gegenwart reichte. Breit angelegte wirtschaftshistorische Forschungen nahmen auch in den folgenden Jahren einen großen Teil seiner Arbeit und seiner Publikationen ein, auf deren Basis seine *Geschichte der Lage der Arbeiter unter dem Kapitalismus* mehrfach in ständig erweiterten Auflagen erschien, bis er dann in den zwölf Jahren zwischen 1960 und 1972 eine umfassende Ausgabe dieses seines Hauptwerkes beim Akademie-Verlag in Berlin in vierzig Bänden herausbringen konnte. Diese Ausgabe — die Krönung einer fünfundvierzigjährigen Arbeit auf diesem Gebiet — faßt statistische Analysen und historische Untersuchungen zur Sozial- und Wirtschaftsgeschichte dieser vier Länder und des englischen Kolonialreiches, theoretische Abhandlungen zur allgemeinen Wirtschaftsgeschichte und theoriengeschichtliche Untersuchungen zur kapitalistischen Entwicklung zusammen. Viele Bände dieser Akademie-Ausgabe sind in viele Sprachen übersetzt.

1945 war Jürgen Kuczynski nach Berlin zurückgekehrt, um als Kommunist und Wissenschaftler mit Hand anzulegen bei dem Aufbau einer neuen Gesellschaftsordnung. Er tat es in den verschiedensten Funktionen: 1945 begann er als Präsident der Zentralverwaltung für Finanzen. 1946 zum Professor an die Humboldt-Universität zu Berlin berufen, legte er den Grundstein zum Aufbau einer marxistisch-leninistischen Wirtschaftsgeschichtsforschung bei uns. 1947 zum Präsidenten der Gesellschaft zum Studium der Kultur der Sowjetunion gewählt, schied er 1950 aus dieser Funktion als Präsident der Gesellschaft für deutsch-sowjetische Freundschaft. In den Jahren 1949 bis 1952 leitete er als Direktor das Deutsche Wirtschaftsinstitut; im gleichen Zeitraum gehörte er als Abgeordneter der Volkskammer an. 1955 wählte ihn das Plenum unserer Akademie zum Ordentlichen Mitglied. Ein Jahr später wurde im neugegründeten Institut für Geschichte an der Akademie unter seiner Leitung eine Abteilung Wirtschaftsgeschichte eingerichtet, aus der sich das heutige Institut für Wirtschaftsgeschichte herausbildete. Noch vor dieser Institutsgründung sorgte Jürgen Kuczynski mit der ihm eigenen Initiative und Durchschlagskraft dafür, daß seit 1960 ein wissenschaftliches Publikationsorgan für die wirtschaftshistorische Forschung in unserer Republik erscheinen konnte, das *Jahrbuch für Wirtschaftsgeschichte,* das sich ganz wesentlich dank seiner Hilfe heute großer internationaler Anerkennung und ebensolcher Mitarbeit erfreut.

Jürgen Kuczynski hat ein enorm breites Feld wissenschaftlich beackert, und die Früchte seiner Arbeit — harter Arbeit und nur durch ein Höchstmaß an Arbeitsdisziplin realisierbar — sind unwahrscheinlich reich. Seine wirtschaftshistorischen und wirtschaftswissenschaftlichen Forschungen haben die marxistisch-leninistischen Gesellschaftswissenschaften entschieden vorangebracht; seine Einführung der Gruppierung nach Wirtschaftszyklen in die ökonomischen und sozialstatistischen Untersuchungen, die von ihm entwickelten neuen Methoden zur Berechnung der Mehrwertrate oder der internationalen Arbeitsteilung sind echte Weiterentwicklungen, die hier für viele andere stehen sollen. Diese Kreativität und Produktivität des Grundlagenforschers verbindet sich bei Jürgen Kuczynski mit dem unbedingten Verlangen, die neuen wissenschaftlichen Erkenntnisse für breite Schichten der Bevölkerung nutzbar zu machen. Seine wahrhaft bewundernswerte Fähigkeit, komplizierte Dinge auf ihren wesentlichen Gehalt zurückzuführen und so allgemeinverständlich darzustellen, hat er als Wissenschaftsjournalist immer wieder bewiesen. Als eine Besonderheit in diesem Zusammenhang verdient nicht nur Erwähnung, sondern unsere höchste Anerkennung, daß er zu diesem Zweck auch Kinderbücher mit viel Liebe geschrieben hat.

Seit dem Abschluß der Arbeit an seinem Hauptwerk richtet sich die Aufmerksamkeit Jürgen Kuczynskis immer stärker auf Probleme der Wechselbeziehungen zwischen der ökonomischen Entwicklung und den geistig-kulturellen Prozessen im allgemeinen und der Wissenschaftsentwicklung im besonderen. Hierher gehören seine soziologischen Studien zur deutschen, französischen und englischsprachigen Literatur, seine Studien und Essays zum Problem Wissenschaft und Wirtschaft, seine Arbeiten über Gesellschaftsgesetze und über Fragen der Wissenschaftsentwicklung heute und morgen. Er behandelte dabei Probleme der technologischen Entwicklung wie der sich gegenwärtig weltweit anbahnenden wissenschaftlich-technischen Revolution in ihren sozialökonomischen Wechselwirkungen und wurde so auch zu einem wirkungsvollen Förderer der so überaus wichtigen Diskussion fundamentaler gesellschaftlicher Probleme unserer Zeit zwischen Natur- und Gesellschaftswissenschaftlern.

Wir alle kennen Jürgen Kuczynskis fruchtbare Unruhe, die er stiftet, wo er auftaucht und mitwirkt — sei es im Aufdecken neuer Probleme oder im mutigen Aufwerfen und Zuendedenken anstehender und keineswegs immer angenehmer Fragen, oft den Widerspruch und Meinungsstreit provozierend, immer lebendig und engagiert, nicht selten unbequem, aber nie lebensfremd und unnütz. So kennen wir ihn auch aus dem Leben unserer Akademie, aus den Klassensitzungen, den Plenarveranstaltungen und den verschiedenen anderen Gremien, in denen er wirkt — immer hellwach, immer aktiv.

Jürgen Kuczynski, Träger der *Medaille für Kämpfer gegen den Faschismus*, wurde in Würdigung seiner wissenschaftlichen und politischen Verdienste mit hohen staatlichen und wissenschaftlichen Auszeichnungen geehrt: 1949 erhielt er als einer der ersten den Nationalpreis der DDR. — An dieser Stelle erbitte ich die Erlaubnis des Jubilars und des Auditoriums, ein klein wenig zu extemporieren, denn damals traf ich zum erstenmal auf Jürgen Kuczynski, woran er sich im Gegensatz zu mir natürlich nicht erinnern kann. Damals hatte ich als Direktor des späteren Zentralhauses der Jungen Pioniere über die im Hause tätigen sowjetischen Genossen Jürgen Kuczynski gewonnen, zu unseren Kindern zu sprechen. Es wurde ein heiteres, lebendiges Gespräch, in dessen Verlauf ein kleines Mädchen die knallharte Frage stellte, warum er denn nur den Nationalpreis III. Klasse und nicht den II. oder I. erhalten habe. Die von allen mit Spannung erwartete Antwort Jürgen Kuczynskis: „Ja, Kinder, ich muß mich einfach noch viel mehr anstrengen, noch fleißiger sein, noch besser arbeiten." Jürgen Kuczynski hat sein den Kindern gegebenes Wort gehalten. — Inzwischen erfolgte seine Ehrenpromotion durch die Wirtschaftswissenschaftliche Fakultät der Humboldt-Universität; er ist Träger des Ordens *Banner der Arbeit* und des *Karl-Marx-Ordens*; unsere Akademie sprach ihm den *Friedrich-Engels-Preis* zu; 1972 erhielt er den Ehrentitel *Verdienter Wissenschaftler des Volkes*.

Wir grüßen ihn und seine Frau Marguerite, wir ehren ihn und wünschen ihm vor allem anderen Gesundheit und viele, viele arbeitsreiche Jahre, ihm zur Freude und zu unser aller Nutzen.

S. I. Tulpanow

Jürgen Kuczynski und die Sowjetunion*)

Die Unklarheit beginnt schon mit dem Geburtsdatum. Zwar ist in allen Dokumenten, dem unvoreingenommensten und unparteiischsten, wie der Geburtsurkunde, aber auch in dem Jürgen Kuczynski teuersten, dem Mitgliedsbuch der SED, die Geburt unseres heutigen Jubilars auf den 17. September 1904 datiert.

Aber die Wissenschaftler bei uns in der Sowjetunion glauben das nicht. Als ich im Institut für Weltwirtschaft und Internationale Beziehungen der Akademie der Wissenschaften der UdSSR und in der Leningrader Universität von dem bevorstehenden Jubiläum erzählte, da lachte man mich aus: „Sie rechnen schlecht, Professor," — sagte mir ein junger Doktor der Ökonomie. „Das ist doch ein alter Freund des Akademiemitglieds Eugen Varga, der vor 10 Jahren starb, und er war schon über 80." Sein Wissen hervorkehrend, fuhr er fort: „Schon zu Anfang der dreißiger Jahre lud Varga Jürgen Kuczynski zur Mitarbeit am Institut ein. Und dann seine vielen anderen Freunde, wie Prof. Ierussalimskij und Chmel'nickaja, die auch schon lange nicht mehr sind?" „Mein Lieber", sagte mir ein anderer Doktor der Wissenschaften, schon meines Alters, also ein guter Siebziger, — „ich befasse mich schon seit fünfzig Jahren mit politischer Ökonomie, und schon in den ersten Jahren meiner Tätigkeit las ich seine Artikel und Bücher über die Lage der Arbeiterklasse in den Ländern des Kapitals, seine Einschätzungen der Entwicklung des Imperialismus in Deutschland im 19. und zu Anfang des 20. Jahrhunderts, seine Publikationen gegen den Faschismus. Und du sagst Siebzig . . ."

Zuerst wollte ich widersprechen, aber dann bedachte ich, daß meine Kollegen, sowohl die jungen als auch die bejahrten, nicht so ganz unrecht haben. Wenn man als quantitatives Kriterium den „Produktionsausstoß" nimmt, und als qualitatives Kriterium die „Effektivität der Produktion", den Grad der Ein-

*) verlesen durch W. Jonas, Ordentliches Mitglied der Akademie der Wissenschaften der DDR

wirkung auf die Entwicklung der marxistischen Forschung und der marxistischen Wissenschaft, den ehrenvollen Platz, den seine Arbeiten in den Bibliotheken der Mitkämpfer im gemeinsamen Kampf für den Kommunismus einnehmen, dann, natürlich, zählt unser hochverehrter, teurer Freund nicht 70 und auch nicht 140, sondern volle 200 Jahre.

„Messen, aber nicht meinen", so formulierte der Jubilar in einem seiner polemischen Artikel der letzten Jahre. Wenden wir diese Forderung auf den Autor selbst an und messen seine schöpferische Tätigkeit, so erhalten wir nicht 70, sondern 200.

Auch ich selbst habe mein marxistisches Wissen und speziell mein ökonomisches durch das Lesen der Bücher Jürgen Kuczynskis erweitert.

Seine Arbeiten brachten einen auf den Geschmack und erzogen auch zu den Fertigkeiten der Auswertung von Zahlenmaterial und langen statistischen Reihen für grundlegende Aussagen. Er zwang darüber nachzudenken, mit welcher Sorgfalt, Strenge und Objektivität man an die Auswahl von Fakten für den Beweis von vielleicht überaus wichtigen, aber einstweilen noch apriorischen Thesen herangehen müsse. Und wie verführerisch ist es mitunter, einige Fakten zu „vergessen" oder „unterzubewerten", die dem mühsam erarbeiteten „Bauschema" zu widersprechen scheinen.

Doch das ist bei weitem nicht alles. Die Arbeiten J. Kuczynskis, ja sein ganzes praktisches Wirken lehrten und lehren, wie behutsam und ernsthaft man an die Leninschen Thesen zu einer beliebigen Frage, sei es auf dem Gebiet der politischen Ökonomie oder der ökonomischen Politik, der Geschichte oder der Philosophie, der Soziologie oder der Demographie herangehen muß, welchen Schatz das Erbe von Marx, Engels und Lenin darstellt, welche Kraft ihre methodologischen Prinzipien der Analyse des modernen Kapitalismus besitzen.

Bevor ich den heutigen Jubilar im Jahre 1945 kennenlernte, stellte J. Kuczynski für mich einen Wissenschaftler dar, dem die Geschichte bereits einen Ehrenplatz in der Enzyklopädie angewiesen hatte, dessen wissenschaftlicher Rang schon bestimmt war und der in einem gewissen Sinne bereits der Geschichte angehörte. Schon damals hatte ich fast 20 Jahre „Kuczynski gelesen", und er war ganze 41 Jahre alt. Als man mich in den fünfziger Jahren, nachdem wir in der gemeinsamen Arbeit am Aufbau eines neuen Deutschland Kameraden und persönliche Freunde geworden waren, beauftragte, für die zweite Ausgabe der *Großen Sowjetenzyklopädie* einen Artikel über das Ordentliche Mitglied der Deutschen Akademie der Wissenschaften (heute Akademie der Wissenschaften der DDR), Jürgen Kuczynski zu schreiben, war ich sehr stolz. Der Artikel, den ich schrieb, war allerdings zehnmal länger als derjenige, der im Band 24 der Enzyklopädie das Licht der Welt erblickte, und da er infolge des geringen Umfanges ohne meine Unterschrift erschien, zeugt heute nur noch die Honorarquittung aus der Buchhaltung des Verlags von meiner Autorschaft.

Aber heute kenne ich Professor Kuczynski nicht mehr nur aus vielbändigen Werken. Vor mir stand (und steht auch heute) das Bild eines lebendigen, energischen, unglaublich arbeitsfähigen Kämpfers für die Sache des Sozialismus. Wenn die These des Jubilars über die Höhe der Ausbeutungsrate in den Ländern des entwickelten Kapitalismus, die er mit 1000 bis 1200% ansetzt, auch anfechtbar erscheint, so sind doch diese Zahlen in bezug auf ihn selbst, in bezug auf die Rate seiner Selbstexploitation unbestreitbar.

Er kämpfte gegen die Faschisten nicht nur mit Büchern und Pamphleten, er leistete auch illegale Arbeit in Hitlerdeutschland selbst, er trug sozialistisches Bewußtsein in die Reihen der Gewerkschaftsmitglieder in vielen Ländern des Kapitalismus, wo er praktisch arbeitete, große propagandistische und gesellschaftliche Arbeit leistete und immer schrieb, schrieb, schrieb ...

So entstand der Eindruck, daß er auch im Schlaf schreiben könne, denn der Tag war mit laufenden Parteipflichten ausgefüllt. Es scheint, daß der Autor über sich selbst die folgende Anekdote ausgedacht hat (auf jeden Fall erzählt er sie gern): „Marx las tausend Bücher und schrieb ein Buch — ‚Das Kapital', Kuczynski las nur das ‚Kapital' und schrieb tausend Bücher." Wenn in dieser Anekdote ein Körnchen Wahrheit steckt, dann nur, daß J. Kuczynski ein profunder Kenner der Werke der Begründer des Marxismus-Leninismus ist, und seine Stärke darin besteht, daß er in allen seinen Arbeiten dem Grundsatz der Parteilichkeit folgt oder, wie Lenin in der Polemik gegen Struve schrieb, direkt und offen den Standpunkt einer bestimmten Gesellschaftsgruppe einnimmt.

Jedoch insgesamt ist diese Antianalogie zutiefst falsch, auch wenn der Autor der Anekdote der Jubilar selbst wäre. Doch wie es ihm gelingt, nicht nur die Bücher und Zeitschriften der Disziplinen zu lesen, die man heute unter dem Begriff „Gesellschaftswissenschaften" zusammenfaßt, sondern auch interessante Untersuchungen zum Beispiel über Shakespeare zu schreiben, in seinen Arbeiten beachtenswerte Äußerungen Montesquieus zu verwenden, ein farbenprächtiges Bild des geistigen Lebens der Epoche der Renaissance zu geben, die Geschichte der Wissenschaft von der Wissenschaft darzustellen, über die Gesetzmäßigkeiten der Herausbildung von Weltanschauungen zu schreiben, wobei er „die ganze Weltschatzkammer der Wissenschaft aus Jahrtausenden" verwendet, Einsichten über Probleme der Kunst zu äußern und so weiter — das ist sein Geheimnis, das er bis jetzt noch nicht verraten hat ..., aber ich bin zutiefst überzeugt, nicht aus Furcht vor Konkurrenz.

Sein Auditorium zählt nach Millionen, sein Einfluß ist vielfältig. Seine Beiträge hören und schätzen Akademiemitglieder und Arbeiter, Ingenieure und

Schriftsteller, Studenten in Frankfurt am Main oder in Heidelberg und Hafenarbeiter in Japan, Plantagenarbeiter auf Kuba und Ökonomen der Leningrader Universität sowie des Instituts für Weltwirtschaft und Internationale Beziehungen in Moskau.

Jürgen Kuczynski war immer, nicht erst seit seiner ersten Reise in unser Land im Jahre 1930, sondern auch früher, ein Freund der Sowjetunion, ein Streiter des realen, in Schwierigkeiten und Entbehrungen aufgebauten Sozialismus. Er sah seine Widersprüche, aber auch die objektiven Tendenzen ihrer Überwindung, die in der gesellschaftlichen und politischen Ordnung des Sozialismus wurzeln. „Die Sowjetunion", schrieb er damals, „— das ist die Zukunft der Menschheit", und für diese Zukunft, für den Sozialismus, kämpft er sein ganzes Leben lang.

Und nicht zufällig war er in den für das deutsche Volk schwersten Nachkriegsjahren der erste Vorsitzende der in der sowjetischen Besatzungszone gegründeten *Gesellschaft für deutsch-sowjetische Freundschaft* (zu Anfang *Gesellschaft für das Studium der Kultur der Sowjetunion*).

Seit dieser Zeit sind wiederum 25 Jahre vergangen. Und was für Jahre ..., Jahre der Freude und der Trauer, der Enttäuschungen und der Verwirklichung der verwegensten gesellschaftlichen Prognosen, Jahre gewaltiger Umwälzungen im Leben der Völker, nie gesehener internationaler Situationen. Und in jeder Lage blieb J. Kuczynski der, als den ihn sowohl Freunde als auch Feinde kannten: Komunist und Wissenschaftler, Kämpfer für die Zukunft der Menschheit. Die Genossen konnten sich in jeder Situation auf ihn verlassen.

Dutzende von neuen Büchern, darunter die 40 Bände der *Lage der Arbeiterklasse* haben einen festen Platz im wissenschaftlichen und kulturellen Leben der Deutschen Demokratischen Republik eingenommen, aber nicht nur in diesem jungen sozialistischen Land, dessen wahrer Sohn er ist. Man kennt ihn in allen Ländern des Sozialismus und den Ländern des Kapitalismus, er wird bekannt in den Staaten der sich befreienden Kontinente.

In der Sowjetunion gibt es in den Hochschulen und Instituten der Akademie der Wissenschaften keinen Wissenschaftler auf dem Gebiet der Gesellschaftswissenschaften und vor allem natürlich auf dem Gebiet der Ökonomie, der nicht die Arbeiten J. Kuczynskis kennen würde, nicht seine Werke gelesen hätte, nicht über seine manchmal gewagten und überraschenden Schlußfolgerungen und kühnen Vermutungen gestritten hätte. Das Interesse an J. Kuczynski stieg auch noch deswegen, weil er nicht nur über den Kapitalismus, sondern auch über Probleme der sozialistischen Gesellschaft schreibt (darunter auch über die sozialistische Gesellschaft in der DDR). Er stellt wichtige methodologische Fragen, er erörtert sie kühn (aber nicht um der Kühnheit willen), antidogmatisch (ist doch der Dogmatismus eine nicht weniger gefährliche Krankheit als der Revisionismus), bildhaft und, wenn man so sagen darf, mit französischer Eleganz.

Er ist ein Feind der „unbestimmten“ und für den Autor „ungefährlichen“, aber für die Sache und die Wissenschaft sehr gefährlichen Formulierungen, er verneint das antihistorische und dem Wesen nach theologische Dogma, „daß nicht sein kann, was nicht sein darf“.

Daher geben die Arbeiten J. Kuczynskis ständig Nahrung zu Überlegungen, für das erneute Überdenken dessen, was schon längst und klar festgestellt schien und sogar „bestätigt“ war. Nehmen wir nur die Frage der antagonistischen und nichtantagonistischen Widersprüche sowohl allgemeinmethodologisch als auch in bezug auf die sozialistische Gesellschaft. Dabei geht unser „Ruhestörer“, um einen orientalischen Terminus für Denker und Revolutionäre zu verwenden, davon aus, daß das Leben und die Geschichte „komplizierter“ als jede, auch die marxistische, Theorie seien. Das erfordert, daß diese Theorie ständig bereichert wird, und unser Jubilar geht konsequent von diesem Grundprinzip der Lebendigkeit der Theorie selbst aus.

Viele Arbeiten J. Kuczynskis sind ins Russische übersetzt worden (wenn es von mir abhinge, ich hätte noch mehr übersetzt, zum Beispiel eine seiner letzten großen Arbeiten über Klassen und Klassenkämpfe).

Rezensionen in den Zeitschriften machen den sowjetischen Leser mit denjenigen Arbeiten bekannt, die nicht übersetzt worden sind. Insbesondere sind solche Rezensionen mehrfach in *Vestnik Leningradskogo Universiteta* (Serie Ökonomie—Philosophie—Recht) veröffentlicht worden.

In Büchern der verschiedensten Autoren finden wir Verweise auf Forschungen und Ergebnisse von J. Kuczynski, auch in Büchern, die nicht der Vergangenheit gewidmet sind (nicht nur der Vergangenheit), sondern in denen die aktuellsten Probleme der Gegenwart behandelt werden, um genauer zu sprechen, die wichtigsten Klassenprobleme des Kampfes für die Zukunft der Menschheit.

Zum Abschluß möchte ich bemerken, daß ich nicht über die für mich so sehr wichtigen persönlichen Eigenschaften des Jubilars spreche, da ich damit rechne, nicht zum letzten Mal an seiner Ehrung teilzunehmen, und darum sage ich nur kurz: „Lieber Jürgen und liebe Marguerite! Ich freue mich immer aufrichtig, wenn wir zusammen sind. Für mich ist das immer ein guter, heller und kluger Tag. Die Freundschaft mit Dir ist ein großes Geschenk des Schicksals.

Ich wünsche Dir viele Lebensjahre, und sie seien auch weiterhin so, wie sie waren!“

Wolfgang Eichhorn

Weltanschauung und Erkenntnis

Während meiner Jenenser Studienzeit hatte ich noch Gelegenheit, die „Einführung in die Philosophie" eines verspäteten Neukantianers zu besuchen. Unter dem wenigen, was mir von dieser Veranstaltung erinnerlich ist, befindet sich ein Satz, von dem ich auch heute noch meine, daß er in mancherlei Hinsicht Richtiges an sich hat. Er lautet: Philosophie ist — das Problem zum Problem machen. Ich bin durchaus nicht der Meinung, daß damit eine auch nur einigermaßen diskutable oder gar befriedigende Bestimmung der Philosophie gegeben wäre. Doch scheint mir auch in marxistisch-leninistischer Sicht ein Wesenszug der Philosophie darin zu bestehen, daß sie Probleme, die der Erkenntnis, der Kultur, der geschichtlichen Praxis der Menschen innewohnen, zu Problemen macht, als Probleme bewußt macht, erkennt und behandelt.

Nehmen wir also an, daß dem so sei. Dann wird man Jürgen Kuczynski nachsagen müssen, daß er gerade in den letzten Jahren manches getan hat, um ein ebensolches Problembewußtsein zu wecken, wachzurütteln, anzustacheln. Er hat zu diesem Behufe manchmal die schockierende, provokative, zuweilen bis zum Absurden übersteigernde Form gewählt. Über Wert und Unwert dieser Form kann man lange hin und her diskutieren. Ich glaube nicht, daß sie ohne Mängel ist. Beispielsweise kann sie Sterblicheren, wenn überhaupt, dann nur mit großen Einschränkungen zur Nachahmung empfohlen werden. Aber andererseits kann eben nicht in Abrede gestellt werden, daß solcherart das Problembewußtsein und die Problemdiskussion breiter entwickelt wurden, und zwar zu Problemen, die für Theorie und Praxis des Marxismus-Leninismus wesentlich sind. Hierfür wird der Philosoph — und sicher nicht nur er — immer Dank zu sagen wissen, und vielleicht kann er gerade in dieser der Würdigung gewidmeten Veranstaltung seinen Dank am besten dadurch würdig abstatten, daß er eine Problemdiskussion aufgreift, die der Jubilar initiiert hat.

Unlängst hat Jürgen Kuczynski in seiner Humboldt-Vorlesung erneut die Frage nach dem Verhältnis von Methodologie und Weltanschauung aufgeworfen. Es ist dies ein Problem, dessen Wichtigkeit für die Gesellschaftswissenschaften gerade im Lichte der politisch-ideologischen Linie des VIII. Parteitages der SED kaum überschätzt werden kann. Wichtig und interessant sind m. E. auch die Lösungen, die in besagter Vorlesung geboten wurden. Ich denke da an die Ausführungen über die Einheit von Weltanschauung und Methodologie vor Marx und namentlich bei heutigen bürgerlichen Ideologen. Auch den (umstrittenen) Gedanken, daß überall dort, wo echte und bleibende sozialwissenschaftliche Erkenntnisse zutage gefördert wurden — sei es auch durch Persönlichkeiten, die eine reaktionäre politisch-ideologische Position bezogen —, eine Erkenntnismethodik vorgelegen haben muß, die sich derjenigen des dialektischen und historischen Materialismus nähert, ihr irgendwie ähnlich ist, sie in Elementen verwirklicht, würde ich unterstützen, denn in der Tat stellt ja der dialektische und historische Materialismus in methodologischer Hinsicht die Schlußfolgerung aus der ganzen Geschichte der menschlichen Erkenntnis dar. Zu streiten ist an dieser Stelle auch nicht über den Begriff der Methodologie, der in besagter Vorlesung — wenn ich recht verstanden habe — zumeist synonym mit Methode oder Methodik gebraucht wird. Das kritisch aufgelegte Problembewußtsein des Philosophen wird aber geweckt bei der Verwendung des Begriffs der Weltanschauung. Er nämlich wird in dieser Vorlesung, wie mir scheint, etwas zu einseitig aufgefaßt. Er wird eigentlich durchweg auf subjektive Bewertung, auf den persönlichen Standpunkt, die Haltung, auf den Charakter von Personen bezogen. Damit wird ein einseitiges Moment in die Darlegung der Beziehungen von Weltanschauung und Methodik, von Weltanschauung und Erkenntnisgewinnung hineingetragen. Mir scheint, daß dieses Verhältnis hier zu sehr vom Gesichtspunkt eines abstrakten Einzelmenschen und damit zu unhistorisch beurteilt wird. Indes muß ich sogleich betonen, daß sich diese Kritik gar nicht so sehr an diese Vorlesung richtet. Sie ist in erster Linie Kritik an der Arbeit der Philosophen. Denn die philosophische Arbeit selbst hat aufgebracht, daß erkenntnistheoretische Probleme nur oder doch fast ausschließlich als Probleme eines abstrakten, ungeschichtlichen, keiner Klasse und Gesellschaftsformation angehörenden, allein gewissen Naturbedingungen unterworfenen Erkenntnissubjekts behandelt werden. Dieser Ausgangspunkt reicht heute schon zur Erfassung erkenntnistheoretischer Probleme der Naturwissenschaften nicht mehr aus. Er wird völlig unbrauchbar im Hinblick auf die Sozialwissenschaften, die sich in bezug auf das Erkenntnisobjekt wie das Erkenntnissubjekt, in bezug auf die Triebkräfte wie den Prozeß der Erkenntnis bedeutend von den Naturwissenschaften unterscheiden.

Namentlich die Weltanschauung — ihr Verhältnis zur sozialwissenschaftlichen Erkenntnis eingeschlossen — ist nicht einfach eine Frage des Individuums und schon gar nicht eine Frage eines abstrakten, ungeschichtlich aufgefaßten Individuums. Sie ist eine Frage des *gesellschaftlichen Bewußtseins* geschichtlich handelnder Klassen und gesellschaftlicher Formationen. Weltanschauungen sind Systeme philosophischer, ökonomischer, historischer und politischer Ideen, in denen der Charakter einer jeweiligen geschichtlichen Epoche seinen ideellen Ausdruck findet und in denen die Widersprüche dieser Epoche vom Standpunkt dieser oder jener Klasse reflektiert werden. Mit ihrer Hilfe versuchen jeweilige Klassenkräfte, sich ihres geschichtlichen Platzes auf zusammenfassende Weise bewußt zu werden und ihren Forderungen allgemeine Geltung zu verschaffen. Sie sind Konzentrate des gesellschaftlichen Bewußtseins einer Epoche und Klasse. Der allgemeine geschichtliche Prozeß der Entwicklung und Ablösung gesellschaftlicher Formationen, der sich in Klassenkämpfen vollzieht, findet seinen Ausdruck auch in weltanschaulichen Krisen und Umbrüchen, im Kampf progressiver gegen reaktionäre Weltanschauungen, und *dabei vollzieht sich auch auf diesem Gebiet ein widerspruchsvoller Prozeß des Fortschritts zu immer neuen Erkenntnissen der Menschen über ihre gesellschaftliche Lebenspraxis.* Die sozial*wissenschaftliche* Erkenntnis ist ein Moment dieses Prozesses, d. h., sie muß als Prozeßelement der Geschichte selbst gefaßt werden.

Aber ist es denn berechtigt, von einer sozialen Erkenntnis zu sprechen, die durch das gesellschaftliche Bewußtsein einer Epoche oder Klasse überhaupt repräsentiert wird? Nach meiner Meinung muß man das unbedingt tun, denn es ist dies eine notwendige Konsequenz der materialistischen Auffassung von der Geschichte. Lenin jedenfalls hat diese Konsequenz in seinem Artikel über drei Quellen und drei Bestandteile des Marxismus epressiv verbis gezogen: „Genauso wie die Erkenntnis des Menschen die von ihm unabhängig existierende Natur, d. h. die sich entwickelnde Materie widerspiegelt, so spiegelt die *gesellschaftliche Erkenntnis* des Menschen (d. h. die verschiedenen philosophischen religiösen, politischen usw. Anschauungen und Lehren) die *ökonomische Struktur* der Gesellschaft wider.“[1] Hier spricht Lenin also in der Tat von einer gesellschaftlichen Erkenntnis im Zusammenhang mit dem gesellschaftlichen Bewußtsein überhaupt, mit den philosophischen, politischen, ja sogar mit den religiösen — also mit ihrer Natur nach ausgesprochen unwissenschaftlichen — Anschauungen und Lehren.

Wie ist das zu verstehen? Nach meiner Meinung vor allem in dem Sinne, in dem Engels von den utopisch-sozialistischen Lehren, die im Anschluß an Ricardos Theorie entwickelt wurden, sagt, daß sie formell ökonomisch gesehen zwar falsch, im weltgeschichtlichen Sinne aber durchaus richtig waren. Eine vom höheren wissenschaftlichen Standpunkt der Marxschen Theorie falsche, illusionäre Idee vermittelte in den realen Auseinandersetzungen ihrer Zeit eine in Grenzen richtige weltgeschichtliche Einsicht! Auf solche widersprüchliche Weise

---

[1] Lenin, Werke, Bd. 19, S. 5.

ist die Entwicklung des gesellschaftlichen Bewußtseins bisher überhaupt verlaufen, und erst mit dem Marxismus-Leninismus, mit dem Kampf der Arbeiterklasse unter Führung marxistisch-leninistischer Parteien, vollzieht sich hier ein Wandel derart, daß die kommunistische Weltanschauung in ihrer Gesamtheit auf wissenschaftlicher Grundlage beruht, was wiederum — vom Theoretischen her gesehen — vor allem mit der konsequenten Durchführung des Materialismus verbunden ist. Ein Aspekt dieses Problems wird auch in der „Deutschen Ideologie" angesprochen, wenn davon die Rede ist, daß in dem Maße, wie die gegebenen Produktionsverhältnisse und die darauf beruhende Klassenherrschaft in Konflikt geraten mit der Entwicklung der Produktivkräfte und damit der geschichtlichen Entwicklung überhaupt, die diesen Verhältnissen und dieser Klassenherrschaft entsprechenden Ideen immer „unwahrer" werden und zur bewußten Illusion und absichtlichen Heuchelei herabsinken.[2] Gesellschaftliche Erkenntnis und „Wahrheit" hier also im Sinne von Ideen, die revolutionäre Klasseninteressen und progressive Gesellschaftsverhältnisse zum Ausdruck bringen und die die Menschen zu progressivem geschichtsbildendem Handeln bewegen!

Hieraus würde sich ergeben, daß Weltanschauungen nicht der Entwicklung sozialwissenschaftlicher Erkenntnisse äußerliche Faktoren sind. Vielmehr können sozialwissenschaftliche Erkenntnisse nur als Ausdruck, Quintessenz und Momente des im weltanschaulichen Fortschritt sich realisierenden gesellschaftlichen Erkenntnisfortschritts richtig beurteilt werden. Das würde im Hinblick auf das Verhältnis von Weltanschauung und Erkenntnis, Weltanschauung und Methodik Folgerungen nach sich ziehen, die uns auch in eine andere, offensivere Position gegenüber bürgerlichen Theorien über die Sozialwissenschaften — insbesondere gegenüber dem Positivismus — bringen dürften. Es fehlt natürlich die Möglichkeit, das hier vorzuführen. Es konnte mir ja nur darum gehen, deutlich zu machen, daß hier ein Problem in gründlicher Arbeit als Problem behandelt werden muß, zu dessen Aufdämmern nicht zuletzt Jürgen Kuczynski verholfen hat.

Ich bin damit bei meinem Ausgangspunkt angelangt und darf mit dem Aussprechen des Wunsches und der Hoffnung abschließen, daß es dem Jubilar vergönnt sei, auch auf diese Weise noch lange und intensiv an der Entwicklung der Wissenschaften teilzunehmen.

---

[2] Vgl. Marx/Engels, Werke, Bd. 3, S. 274.

Oskar Neumann

Kuczynski und der Sport

Lieber Genosse Kuczynski, meine Damen und Herren, gibt es denn nun gar kein Gebiet, so habe ich mich gefragt, auf dem die Wirksamkeit Jürgen Kuczynskis bisher nicht gebührend gewürdigt wurde, und ich fand: Kuczynski und der Sport. Das war vor den Olympischen Spielen in München, als uns, sehr spät und sehr plötzlich, einfiel, wir bräuchten doch eigentlich für unsere Gäste, unter ihnen vielen aus der Deutschen Demokratischen Republik und anderen sozialistischen Ländern, einen Stadtführer, der etwas über *die Weltstadt mit Herz* und über *die Stadt des Bieres* hinausgehen und auch die anderen Seiten aus Vergangenheit und Gegenwart der bayrischen Landeshauptstadt zeigen sollte. Natürlich durften dabei so bedeutende Figuren der königlich-bayrischen Geschichte nicht fehlen wie Lola Montez, von einigen bürgerlichen Historikern sozusagen zum Hauptvehikel der achtundvierziger Revolution in München ernannt, fast schon im gleichen Rang wie die seinerzeitige Bierpreiserhöhung im Hofbräuhaus. Nun ja, immerhin, Lolita bezog eine Jahresrente von zwanzigtausend Goldgulden, wobei man Ludwig verstehen muß: Wie sollte er bei seiner verbürgten Impotenz das bereits vorliegende Angebot Metternichs von fünfzehntausend Gulden anders aus dem Feld schlagen? Doch das war nicht unser Hauptproblem. Wie, so überlegten wir, verdeutlicht man die Höhe der Summe, um die es da geht? Und wir meinten, doch am besten durch Vergleich mit zeitgenössischen Löhnen und durch die Frage, wie lange mußte zum Beispiel ein Bauarbeiter oder ein Zimmermann damals in München arbeiten, um auf das gleiche Geld zu kommen. Resultat: er konnte es nie erreichen bei seinem Lohn und bei einer Lebenserwartung von ziemlich genau vierzig Jahren. Das sagt sich jetzt ganz einfach, aber wo bekommt man solche Daten? Wir jedenfalls fanden sie alle bei Kuczynski, der für uns damit ein für allemal in die Geschichte der Olympischen Spiele 1972 eingegangen ist, ich würde sagen, knapp um Brustbreite hinter Renate Stecher.

Aber man findet bei Kuczynski, und das ist wohl das Wesentliche, eben nicht nur Daten, sondern Zusammenhänge, wie sie nur aus dieser Einheit des Kommunisten und des Wissenschaftlers hervorgehen können. Man lernt bei ihm, im geschichtlichen Kontext, in historischer Konkretheit zu denken. Und eben das, scheint mir, brauchen wir jetzt in der Bundesrepublik mit hoher Dringlichkeit. Es ist doch bei uns so: Inflation und Währungskrisen, wachsende Arbeitslosenzahlen und Rekordziffern bei Vergleichsverfahren und Bankrotten sprechen eine zu klare Sprache, als daß die spätkapitalistische Welt noch glaubhaft als „heile Welt" darzustellen wäre; im Interesse der Systemerhaltung erscheint es günstig, das eine oder andere Detail durchaus kritisch und durchaus auch mit Berufung auf Marx zu beleuchten; noch mehr, mannigfaltige Spielarten von „Sozialismus" werden goutiert und dotiert, man darf nur nichts halten von dem Sozialismus, der existiert, besonders von dem in der Sowjetunion und in der Deutschen Demokratischen Republik, und man darf nichts vorhaben mit der Arbeiterklasse im eigenen Land, mit ihrer revolutionären Partei, ihrem antimonopolistischen Kampf und ihrem Ziel, der Eroberung der politischen Macht. Unter diesen Voraussetzungen ist sogar Jean Amery in der *Frankfurter Rundschau* für eine „Volksfront", erklärtermaßen unter Beibehaltung der Grundideen von Marx (was immer das bei ihm sein mag), aber ganz entschieden ohne Lenin, ohne die Deutsche Kommunistische Partei, und ganz ausdrücklich auch ohne Klassenbewußtsein, weil das ja angeblich ins 19. Jahrhundert gehört.

In den Auseinandersetzungen um diese Problematik zeigen sich neuerdings ermutigende positive Entwicklungen, zum einen in der Zunahme und in der Verschärfung der Kämpfe um soziale und demokratische Forderungen der Belegschaften und ihrer Gewerkschaften in den Betrieben, und zum anderen durch das Auftreten junger Intellektueller, die selbst den komplizierten Weg von einer vagen APO-Haltung, von anarchistischen und ultra-„linken" Positionen zur marxistischen Theorie und Praxis gegangen sind. So hat der Schriftsteller Günter Herburger in seiner Antwort an Jean Amery deutlich gemacht, daß eine „Volksfront" ohne Kommunisten nur auf einen aus kapitalistischer Krisenangst geborenen Versuch der Systemstabilisierung hinauslaufen kann. Wenn er dabei betont, daß er auch für Kultur und Literatur nur zusammen mit der organisierten revolutionären Arbeiterbewegung eine Zukunft sieht in unserem Land, so tut er das jetzt schon nicht nur als einzelner oder als einer von ganz wenigen. Kollegen, die noch in den sechziger Jahren zentrale Figuren des bürgerlichen Kulturbetriebs gewesen sind und damals ihre Haltung aus der schönen Illusion vom freien Schriftsteller, vom freischaffenden Künstler bezogen, haben inzwischen ihre Abhängigkeit in der Kulturindustrie und von den staatsmonopolistischen Institutionen und von daher ihre Gemeinsamkeit mit dem Interesse der Arbeiterklasse entdeckt. Sie ziehen daraus auch Konsequenzen, indem sie sich gewerkschaftlich organisieren, in bewußter Entscheidung gegen die neuen Wellen des Konservativismus, des Irrationalismus und der Nostalgie in ihrem Schaffen den Realismus verstärken und sich politisch auf die Deutsche Kommunistische Partei orientieren; für viele Schriftsteller der Bundesrepublik, schreibt — der Freude darüber gewiß unverdächtig — Gerhard Zwerenz, sei das jetzt typisch.

Wir wollen zu dieser Entwicklung mit unserer verlegerischen und publizistischen Arbeit nach Kräften beitragen, und wir haben auch dabei erfahren, vielleicht weiß er das selber so deutlich gar nicht, was Jürgen Kuczynski für uns ist. Seit geraumer Zeit bekommen wir beim *Kürbiskern*, unserer Zeitschrift für Literatur, Kritik und Klassenkampf, zu nahezu jeder Nummer von ihm Bemerkungen, positive und kritische, immer anregende, und wir sind also durchaus eigennützig, wenn wir unserem Leser und Mitarbeiter, unserem Genossen Kuczynski, noch sehr viele Jahre der Gesundheit und der Arbeitskraft und dieser solidarischen Hilfsbereitschaft auch für uns wünschen.

Gunther Kohlmey

Imperialistisches Weltwirtschaftssystem und internationale Arbeiterklasse

Bereits in den frühen Arbeiten Jürgen Kuczynskis finden wir zwei Linien der Forschungstätigkeit: einmal Untersuchungen zur Lage der internationalen Arbeiterklasse und zum andern Studien über die Entwicklung der Weltwirtschaft. Nur sehr auswahlweise seien zwei Veröffentlichungen genannt: *Labour Conditions in Western Europe 1820 to 1935 (New York 1936); Weltproduktion und Welthandel in den letzten 100 Jahren (Liepāja 1935).*

Die beiden Forschungslinien befanden sich in engem Zusammenhang; sie haben sich berührt, sie haben sich gekreuzt. Spätestens in den Bänden der *Geschichte der Lage der Arbeiter unter dem Kapitalismus* liefen sie in eine Linie zusammen.

Dieses Verbinden beider Linien und ihr Zusammenführen entsprechen vollauf der Methode von Marx. Während es heutzutage nicht gar so selten vorkommt, daß der Entwicklungsstand des Gegenwartskapitalismus und seines Reproduktionsprozesses lediglich an den Maßstäben der wenigen hochentwickelten kapitalistischen Industrieländer gemessen wird, begriff Marx das Kapitalverhältnis und die Dialektik des Gegensatzes von Kapital und Lohnarbeit durchaus als, wie er das gern formuliert hat, universelles oder totales, als gesamtgesellschaftliches, und das heißt als weltwirtschaftliches, als internationales.[1]

Den Kern des Gegenstandes der marxistischen Theorie von der Weltwirtschaft bilden folglich das Entstehen und die Entwicklung der internationalen Arbeiterklasse (auch der übrigen werktätigen Klassen und Schichten), bilden deren wirtschaftliche Stellung und soziale Lage, schließlich die Gesetze ihres historisch notwendigen Sieges über den Kapitalismus/Imperialismus.

Eine so verstandene marxistische Lehre von der Weltwirtschtft haben wir in das sozialökonomische und politische Koordinatensystem der Lehre von der

[1] „Im Welthandel entfalten die Waren ihren Wert universell." (K. Marx, Das Kapital, Erster Band, in: K. Marx/F. Engels, Werke, Bd. 23, Berlin 1962, S. 156.)

Weltrevolution einzutragen, der historisch-materialistischen Theorie vom Zusammenschluß der sozialistischen Welt, der revolutionären internationalen Arbeiterbewegung und der antikolonialen, nationalen Befreiungsbewegung.

Alles, was Marx zum Wesen des Verhältnisses von Lohnarbeit und Kapital gesagt hat, ist heute auf das imperialistische Weltsystem als Ganzes zu projizieren und hierbei auch auf den Ausbeutungsmechanismus von internationalem Finanzkapital und den Hunderten, ja Milliarden Menschen in den meisten der sogenannten Entwicklungsländer, jenen nämlich, die heute noch voll oder weitgehend von den herrschenden imperialistischen Kräften abhängig sind. Alles, was Marx über die vielschichtige Dialektik des Anwachsens und Reifens der ausgebeuteten Arbeit, aber auch über ihre Verelendung, Verkrüppelung und Deformation geschrieben hat, was er über den gesetzmäßigen Zusammenschluß des Proletariats und der Werktätigen aller Welt, aber auch über Ausraubung und Entfremdung gesagt hat — all das gilt vollinhaltlich für den Gegensatz zwischen der Arbeit in den abhängigen Gebieten des imperialistischen Weltsystems und dem großen Kapital der herrschenden Klassen und Staaten.

Diesen Beziehungen liegt eine einheitliche innere Gesetzmäßigkeit zugrunde, sie sind Bestandteil der wesentlichen Strukturen des einheitlichen Reproduktionsprozesses des Monopolkapitalismus.

Offensichtlich ist es notwendig, dies nicht nur gegenüber landläufigen Alltagsvorstellungen vom heutigen Kapitalismus zu betonen, in denen die gesetzmäßigen Zusammenhänge von angeblicher Wohlstandsgesellschaft und terrorisierter, verelendeter Massenarbeit in so großen Gebieten der kapitalistischen Welt vernebelt worden sind; es muß auch gegenüber falschen Auffassungen in der Literatur betont werden. Selbst bei Autoren wie Paul A. Baran und Paul M. Sweezy (in ihrem Buch *Monopoly Capital*) begegnet man dieser Trennung von „Monopoly Capitalist Society“ und einer dieser Society gegenüber äußeren Welt in den abhängigen Territorien und Ländern. Sie schreiben:

„... advanced monopoly capitalism does not exist in isolation, and any speculation about its future which takes account only of its inner laws and tendencies is certain to be misleading.“[2]

Baran und Sweezy beziehen „die inneren Gesetze und Tendenzen“ nur auf die führenden imperialistischen Länder, denen sie als andere, als äußere Welt die „revolutionären Völker“ entgegensetzen.[3]

Ihre These hängt mit ihrer Imperialismus-Konzeption eng zusammen. Der Imperialismus ist für sie primär kein internationales ökonomisches System,

---

[2] P. A. Baran/P. M. Sweezy, Monopoly Capitalism. An Essay on the American Economic and Social Order, New York and London 1966, S. 364 ff.

[3] Ebenda.

sondern ein Gewaltsystem des Militarismus, in dem andere Völker unterdrückt werden, um zur „absorption of surplus“ beizutragen.[4]

Wenn ich hier zunächst einige wenige Fakten einschalten darf:

Im Jahre 1900 lag das sogenannte Bruttosozialprodukt je Kopf der Bevölkerung (BSP pc) in den unterentwickelten Gebieten der Welt bei etwa 17 Prozent des Niveaus der entwickelten Länder, im Jahre 1970 waren es nur noch 7½ Prozent.

Anfang der siebziger Jahre betrug das BSP pc in den westlichen Industrieländern rund 3000 Dollar je Jahr im Durchschnitt, in 28 Ländern oder Territorien jedoch nur bis zu 120 Dollar, in weiteren 22 Ländern des kapitalistischen Weltwirtschaftsbereichs bis zu 250 Dollar.[5] Aber in den 28 und in den 22 Territorien leben jeweils fast ein Drittel, zusammen also fast zwei Drittel der gesamten Weltbevölkerung.

Nun sind allerdings diese BSP-Angaben nur sehr oberflächliche und nur erste Näherungswerte. Die ihnen zugrunde liegenden sozialökonomischen Prozesse bedürfen der Fundierung durch die marxistische Arbeitswert- und Reproduktionstheorie. Ein Ansatzpunkt wäre zum Beispiel folgende Erwägung:

Es kann angenommen werden, daß sich die Nominallöhne in Industriebetrieben der Entwicklungsländer, die ausländischem Kapital gehören, zu den entsprechenden Löhnen in kapitalistischen Industriestaaten wie 1 : 15 bis 1 : 20 verhalten, während die Relation bei der Arbeitsproduktivität im allgemeinen wahrscheinlich 1 : 5 bis 1 : 10 beträgt und wir, wenn Arbeitsproduktivität und -intensität zusammengefaßt werden, auf ein Verhältnis von 1 : 5 bis 1 : 1 kommen dürften.

Gehen wir von den Nominallöhnen zu den langfristig durchschnittlichen Reallöhnen über, so wird erst recht klar, was die angedeuteten Prozesse für die heutige Entwicklung der Mehrwertrate bedeuten, für das Verhältnis von Mehrwertrate zu Profitrate, von notwendiger Arbeit zu Mehrarbeit, von variablem zu konstantem Kapital.

Und dabei ist die Ausbeutung der Arbeitskraft in den abhängigen Gebieten nur eine der vielen außenwirtschaftlichen Profitquellen des Monopolkapitals.

So gehören also die Beziehungen der unterentwickelten und abhängigen Gebiete zu den entwickelten kapitalistischen Staaten zum Mechanismus eines einheitlichen internationalen kapitalistischen Reproduktionsprozesses. Nur wenn wir diesen Reproduktionsprozeß empirisch und theoretisch als einheitlichen

[4] Kapitel 7 des Buches trägt die Überschrift „The Absorption of Surplus: Militarism and Imperialism“.
(Ebenda, S. 178.)

[5] Berechnungen und Schätzungen der Weltbank.

und als weltwirtschaftlichen erfassen, der sich zudem weiter internationalisiert, erhalten wir eine der notwendigen Grundlagen für das Studium der Entwicklungsländer und der internationalen Wirtschaftsbeziehungen in der heutigen imperialistischen Welt.

Worauf wir uns also hier stützen sollten, wäre nicht eine gesonderte *Politische Ökonomie der Entwicklungsländer*, die von einigen marxistischen Autoren ausgearbeitet wurde, sondern die Theorie des einheitlichen und sich internationalisierenden imperialistischen Reproduktionsprozesses und seiner sukzessiven revolutionären Zerstörung.

Dies soll ganz unabhängig davon gesagt werden, daß sich die sogenannten Entwicklungsländer immer mehr differenzieren (wirtschaftlich, politisch, sozialökonomisch) und bald keine einheitliche Gruppierung mehr darstellen werden.

Die Anwendung der Marxschen Reproduktionsschemata, einschließlich ihrer Aggregationen und Formalisierungen, hätte heute nicht nur abstrakt-allgemein, sondern auch weltwirtschaftlich zu erfolgen. Das gilt zugleich für die Werttheorie. Das gilt auch für die notwendigen mathematischen Formalisierungen, bei denen wir die Arbeiten etwa A. Brodys[6] oder M. Morishimas[7] auf marxistischer Grundlage weiterzuführen hätten.

Bei dieser Art des Vorgehens sichern wir die Einheit von abstrakter Theorie und historisch-empirischer Untersuchung. Ebenso sichern wir die Einheit der Forschungen zur Weltwirtschaft mit denen zur Lage der internationalen Arbeiterklasse und der anderen arbeitenden Menschen wie schließlich die Einheit der Lehre von der Weltwirtschaft und von den Bewegungsgesetzen der internationalen revolutionären Prozesse.

Jürgen Kuczynski hat hierzu seine Beiträge geleistet und wird auch weiterhin mit der ihm eigenen Passion und großen Intensität seine Beiträge leisten.

---

[6] A. Brody, Proportions, Prices and Planning. A Mathematical Restatement of the Labour Theory of Value. Amsterdam and London 1970.

[7] M. Morishima, Marx's Economics. A Dual Theory of Value and Growth, Cambridge 1973.

Jozef Zawadzki

Lebendiger und freundschaftlicher Meinungsstreit

Liebe Genossen!

Unsere Freundschaft mit Genossen Jürgen Kuczynski ist schon von langer Dauer. Schon Anfang der fünfziger Jahre war er als Gast im Institut der Gesellschaftswissenschaften beim Zentralkomitee der Polnischen Vereinigten Arbeiterpartei in Warschau. Ich erinnere mich an die langen und manchmal heißen Diskussionen, die wir damals mit Jürgen Kuczynski über die Hauptgedanken des Projekts seines neuen Buches über Weltwirtschaftsgeschichte und über seine Theorie der Lage der Arbeiterklasse geführt haben.

Wir in Polen haben manche seiner Werke übersetzt, speziell die Werke, die sich mit der Lage der Arbeiterklasse in verschiedenen Ländern befassen. Wir studierten natürlich auch viele seiner Werke, die in deutscher und in anderen Sprachen erschienen sind.

Ich möchte nicht den Eindruck erwecken, daß jeder in meinem Land, der sich mit diesen Problemen befaßt, mit jedem Satz und mit jedem Gedanken des Genossen Kuczynski einverstanden ist. In seinen Arbeiten gibt es Platz genug für sachliche und freundschaftliche Diskussionen. Unsere Meinungsverschiedenheiten haben jedoch keine große und prinzipielle Bedeutung. Wir haben von unserem Freund Kuczynski gelernt, wie wichtig das Studium der Lage der Arbeiterklasse für uns Marxisten ist, welche Methoden man dazu gebrauchen soll, wie man das Material der offiziellen Statistik kritisch übernehmen muß. Sehr wichtig ist meines Erachtens, daß man bei diesem Studium sich nicht dogmatisch an gewisse sogenannte „absolute" Gesetze halten soll. Die gesellschaftlichen und speziell die ökonomischen Gesetze sind meines Erachtens Gesetze, die sich im Klassenkampf realisieren; sie sind der tiefste Inhalt der Tätigkeit der besitzenden und der werktätigen Klassen. Es ist nicht so und es war nie so, daß sie ganz unabhängig von der Situation, von den gesellschaftlichen Kräften aller kämpfenden Klassen und anderer gesellschaftlicher Gruppen wirken. Der Klassenkampf der Arbeiter ist von entscheidender

Bedeutung. Wie sagte es Friedrich Engels in seiner Arbeit *Zur Kritik des Sozialdemokratischen Programmentwurfs 1891:* „Die Organisation der Arbeiter, ihr stets wachsender Widerstand wird dem Wachstum des Elends einen gewissen Damm entgegensetzen."

Das hat unser Freund Jürgen ausgezeichnet gezeigt in seinen Werken über die Theorie der Lage der Arbeiterklasse und in den Bänden, in denen er die Lage der Arbeiter unter dem Kapitalismus in verschiedenen Ländern untersuchte. Die Werke von Jürgen sind frei von starrem Dogmatismus, sie sind ein Beispiel des lebendigen Marxismus-Leninismus.

Jürgen Kuczynski ist bei uns bekannt nicht nur als Autor wissenschaftlicher Werke. Er hielt auch bei uns Vorlesungen für jüngere Kollegen und führte mit uns einen heißen, lebendigen und gleichzeitig freundschaftlichen Meinungsaustausch. Er hat auch Vorlesungen für die Studenten der Parteihochschule und der Warschauer Universität gehalten, wobei auf mich die bescheidene Rolle des Dolmetschers gefallen ist. Genosse Kuczynski ist in der Volksrepublik Polen bekannt als ein geistreicher Polemiker, der in sich vereinigt Prinzipientreue mit sehr viel Takt für Leute, die wachsen, die sich die neue Wissenschaft aneignen wollen.

Ich verstehe, daß die Fülle der Arbeit ihm nicht mehr erlaubt, so oft wie früher zu uns zu kommen und bedauere es. In diesem Moment, da die Arbeiterklasse in der ganzen Welt vor neuen entscheidenden Aufgaben steht, ist der Meinungsaustausch notwendiger als je zuvor.

Es freut uns alle ungemein, daß Genosse Kuczynski weiter so aktiv und schöpferisch ist. Wir als seine Freunde nehmen ihn als Beispiel, daß uns die Zeit, die unbarmherzig weitergeht, nicht stören und nicht abhalten soll von unserer weiteren Arbeit.

Wir wünschen ihm und seiner lieben Genossin Marguerite alles Beste, viel Gesundheit und viele neue Werke.

Robert Rompe

Zusammenarbeit von Natur- und Gesellschaftswissenschaftlern

Lieber Jürgen Kuczynski!

Wenn ich heute in der Reihe der Freunde und Genossen das Wort ergreife, um Dir viele herzliche Wünsche für Gesundheit, Erfolg und persönliches Glück von mir und den zahlreichen Kollegen der naturwissenschaftlichen Disziplin zu übermitteln, so möchte ich gleich eine Seite Deines so bedeutungsvollen Wirkens würdigen, die, wie ich glaube, für unsere Wissenschaften, als Einheit betrachtet, über Fragen von heute und über die Grenzen unserer DDR hinaus von Wert ist: die Bemühungen um die Herstellung einer beständigen Zusammenarbeit von Natur- und Gesellschaftswissenschaftlern.

Seit über 2 Jahren findet im Rahmen der Klasse Physik, angeregt durch Fragestellungen, die im richtigen Moment aufgeworfen zu haben, Du das unbestrittene Verdienst hast, ein Gespräch über aktuelle Fragen der gesellschaftlichen Entwicklung, insbesondere der Entwicklung der Wissenschaft, statt. Ausgangspunkt für diese Gesprächsrunde waren — wie gesagt — einige Aufsätze von Dir zum Charakter der wissenschaftlich-technischen Revolution *heute*, die von einigen meiner Kollegen, ich möchte es vorsichtig ausdrücken, mit gemischten Gefühlen aufgenommen wurden. Die sich entwickelnde Diskussion zeigte, nachdem man eine gemeinsame Sprache gefunden hatte (was unter Vertretern verschiedener Disziplinen nicht immer leicht und selbstverständlich ist), sofort das gemeinsame Anliegen: die Entwicklung der Wissenschaft auf der Grundlage gesamtgesellschaftlicher Orientierungen, d. h. im Sozialismus die Wissenschaft echt zum Wohle aller Menschen wirksam werden zu lassen. Das bedeutet gleichzeitig, den Wissenschaftsbetrieb im Kapitalismus kritisch zu werten, um die Auswüchse von Profitstrategie in der Wissenschaft in Auswirkung auf unsere Gesellschaft klein zu halten.

Auswahlkriterien für die Problemdiskussion stellten (z. B. Wirksamkeit der Grundlagenforschung, Überprüfung und Überleitung von Ergebnissen der Grundlagenforschung in alle gesellschaftlichen Bereiche, Ausbildungsprobleme,

Maßstäbe in der Wissenschaft usw.) die wissenschaftspolitischen Vorgaben des VIII. Parteitages, unter gleichzeitiger Berücksichtigung der Leistungsfähigkeit der Teilnehmer unserer Gespräche und ihrer Aussagefähigkeit, dar.

Es galt, wie gesagt, einen Meinungsstreit um sehr aktuelle Fragen einzuleiten. Alle Beteiligten waren darin einig, daß es komplizierte Fragen sind, die nur im Zusammenwirken von besonders interessierten Natur- und Gesellschaftswissenschaftlern einigermaßen adäquat behandelt werden konnten.

Stößt man in wissenschaftliches Neuland vor, dann ist der Meinungsstreit Voraussetzung, daß nachprüfbar allgemeingültige Erkenntnisse zustande kommen. Es kann natürlich sein, daß Wissen und Denkvermögen der Beteiligten nicht ausreichen, die Frage bis zu einem solchen Grad der Erkenntnisse zu behandeln. Vielleicht gehört sie auch zu den Problemen, die vorläufig offenbleiben, bis die Gesamtleistungsfähigkeit der Wissenschaften und des menschlichen Denkens sich weiterentwickelt haben. Auf jeden Fall ist es aber von Vorteil, daß die vorhandenen Positionen klargestellt werden, auch wenn man derzeit nicht entscheiden kann, welche davon weiterführen wird.

Du hast zu allen Problemen, die diskutiert wurden, wesentlich beigetragen, nicht nur aus Deiner reichen Erfahrung auf der Basis profunder Literaturkenntnis, sondern auch durch die Bereitschaft, eingefahrene Geleise zu verlassen und Tatbestände, um der Klärung willen, extrem zuzuspitzen.

Das Zusammenfinden von Wissenschaftlern verschiedenster Disziplinen zur Lösung bedeutender wissenschaftlich-technischer Aufgaben, die das Wachstumstempo der sozialistischen Gesellschaft mitbestimmen, ist hochaktuell. Die interdisziplinäre Zusammenarbeit von Mathematikern, Physikern, Chemikern, Ingenieuren der Elektrotechnik und des Maschinenbaues, Montanisten usw. ist Voraussetzung für eine *intensive* Bearbeitung der aktuellen Probleme der *Energietechnik,* der *Rohstoffbereitstellung,* der *Spezialwerkstoffe,* um nur einige zu nennen.

Immer mehr, vor allem seit dem VIII. Parteitag lernen wir, daß in diese Zusammenarbeit Gesellschaftswissenschaftler einbezogen werden müssen. Die großen technisch-wissenschaftlichen Aufgaben müssen in ihren Bestandteilen simultan aufeinander abgestimmt werden, um sie in der richtigen Reihenfolge, bei voller Beherrschung nicht nur aller Folgen etwa an der Sphäre der Umwelterhaltung, sondern auch der Vielfalt gesellschaftlicher Auswirkungen, bearbeiten zu können.

Aus dieser gemeinsamen Verantwortung der Natur- und Gesellschaftswissenschaftler werden wertvolle Beiträge für die Annäherung der betreffenden Disziplinen resultieren, die das Verständnis für die gemeinsamen gesellschaftlichen Anliegen fördern. Es wird immer klarer, daß die bedeutendsten Aufgabenstellungen jeder naturwissenschaftlichen Disziplin mehr oder weniger stark außerhalb dieser, in der gesellschaftlichen Sphäre geformt werden müssen, einer Forderung, die der wachsenden gesellschaftlichen Wirksamkeit der Wissenschaften, aber auch dem wachsenden materiellen und personellen Aufwand bei großen Aufgaben für die Bearbeitung angemessen ist, Rechnung trägt.

Selbstverständlich bleiben die „internen" Probleme (fundamentale Probleme sinngemäß) der Disziplinen, über die wir so häufig uns unterhalten haben, davon unberührt. Deren Bearbeitung wird nur von einzelnen passionierten Wissenschaftlern mit Erfolg gemeistert und ist auch eigentlich nicht sehr aufwendig. Dafür wirken sie auch kaum kurzzeitig!

Bei den großen wissenschaftlich-technischen Aufgaben gilt es, zu Ergebnissen zu kommen, die nicht nur „schön" im Sinne der einzelnen beteiligten Disziplinen, sondern im Gefüge des Ganzen brauchbar und vorteilhaft im Sinne der Gesellschaft sein müssen.

So werden für die meisten Aufgaben der Wissenschaft unserer Tage vor Beginn der Tätigkeit und nach Abschluß Vertreter von Natur- und Gesellschaftswissenschaftlern gemeinsam Urteile abzugeben haben, die entscheidend für die Entwicklung der Wissenschaft der DDR sein werden.

Natürlich sind diese wie jene heute auf diese Art der Zusammenarbeit noch nicht ausreichend vorbereitet. Die disziplinäre Enge und Selbstzufriedenheit beherrschen noch das Feld. Es gilt, viele Hemmungen zu überwinden. Du, lieber Jürgen, hast vielen das Beispiel gegeben, wie man vorgehen sollte. Schöpferische Tätigkeit in der Wissenschaft hat im wesentlichen dieselben Merkmale wie schöpferische Tätigkeit überall: 99 Prozent Transpiration, 1 Prozent Inspiration. Gemeinsam ist aller wissenschaftlichen Tätigkeit, daß die Qualität des Schöpferischen eine Quantitätshäufung unermüdlicher und zielgerichteter Bemühungen voraussetzt — „aus der Fülle kommt die Klarheit"... (Friedrich Schiller). Viele bedeutende Forscher haben das dargestellt: Du selbst lieferst mit Deinem Schaffen ein Beispiel hierfür.

Heute wird wohl jedes bedeutende wissenschaftliche Problem im Weltmaßstab gleichzeitig mehrfach bearbeitet. Jeder beteiligte Forscher geht vom allgemeinzugänglichen Stand der Erkenntnis aus, alle haben die gleiche Chance, die Lösung zu finden. Das Glück, diese Lösung zu finden, wird dem zuteil, der am besten vorbereitet alle Möglichkeiten wissenschaftlicher Meinungsbildung ausschöpft.

Deine vorliegenden wissenschaftlichen Ergebnisse bestätigen diese allgemeinen Feststellungen und strafen gleichzeitig viele westliche Kreativitätstheorien Lügen, deren Aussage darin gipfelt, daß der Wissenschaftler seine Höchstleistungen etwa bis zum 35. Lebensjahr vollbracht hat.

Deine Ausstrahlung auf jüngere Wissenschaftlergenerationen ist beispielhaft, und sie verdient, besonders hervorgehoben zu werden. Wir wollen unseren Blick nicht davor verschließen, daß viele jüngere Kollegen nicht unbedingt bereit sind, die 99 Prozent Transpiration heute aufzubringen, eher die Umkehrung: 99 Prozent Inspiration, 1 Prozent Transpiration. Aber hier gilt wohl, was O. M. Erhardt Schmidt, der vor 50 Jahren an der Berliner Universität Mengenlehre gelesen hat, sagte: Ideen hat jeder, ich auch, machen muß man es!

Es kommt aber noch ein anderes Moment hinzu. Wer bereit ist, die 99 Prozent Transpiration aufzubringen oder, wie Keldysch es sagte, 24 Stunden am Tage Wissenschaftler zu sein, oder überhaupt nicht, muß innerlich darauf präpariert sein. Das Leben, ja der Tagesablauf des produktiven Wissenschaftlers, muß sich auf diese schöpferische Qualität orientieren.

Es ist deshalb mehr denn je sinnvoll, einen Unterschied zwischen dem wissenschaftlich hochgebildeten Menschen, den die sozialistische Gesellschaft in wachsender Anzahl braucht, um den „Alltag wissenschaftlich zu durchdringen" und dem produktiven Forscher zu machen. Diese Unterscheidung führt nicht zu elitärem Hochmut der schöpferischen Wissenschaftler, wenn der produktive Forscher von sich aus auf manche Annehmlichkeiten verzichtet, die uns unsere Gesellschaft heute in hohem Maße bietet, und wenn die Gesellschaft diesen freiwilligen Verzicht nicht mit der Verleihung eines „pauschalen Heiligenscheins" quittiert.

Das Anliegen der Gesellschaft ist nicht die Wissenschaft für sich allein genommen, sondern die gesellschaftliche Wirksamkeit, wozu wesentlich mehr gehört als die Leistung des Wissenschaftlers. Diese Überlegungen, die ja auch in Deinen *Gesellschaftswissenschaftlichen Besinnungen* eine Rolle spielen, sind von vielen Naturwissenschaftlern sehr ernst genommen worden.

In der nächsten Zeit werden wir uns in unserer Gesprächsrunde in der Klasse „Physik" voraussichtlich mit der Kreativität des Wissenschaftlers beschäftigen.

Wir müssen uns Klarheit verschaffen, was dazu gehört, planmäßig bedeutende wissenschaftliche Leistungen zu erreichen und Mediokrität zu vermeiden. Dazu gehören auch die Maßstäbe für die Bewertung der Ergebnisse.

Das Für und Wider zu diesen Problemen wird bestimmt anregend sein, und wir können und wollen dabei auf Deine Mitarbeit nicht verzichten!

D. J. Melnikow

Grüße und Glückwünsche zum Jubiläum

Lieber Genosse Kuczynski, liebe Frau Marguerite, werte Anwesende, ich habe zunächst den Auftrag, die Grußadresse unseres Instituts, des Instituts für Weltwirtschaft und Internationale Beziehungen in Moskau, zu verlesen: „Lieber Genosse Kuczynski, zum Tage Ihres 70jährigen Jubiläums sendet Ihnen das Kollektiv des Instituts für Weltwirtschaft und Internationale Beziehungen der Akademie der Wissenschaften der UdSSR herzlichste Grüße und beste Wünsche weiterer großer Erfolge in Ihrem Wirken, Gesundheit und persönliches Glück. Ihr Name ist schon seit einem halben Jahrhundert unzertrennbar verbunden mit der Entwicklung der marxistisch-leninistischen Wirtschaftswissenschaft, mit den Errungenschaften in der Erforschung der Geschichte, der Politik des modernen Imperialismus. Mit Ihren Arbeiten haben Sie einen wichtigen Beitrag geleistet zur Erforschung der Hauptetappen der allgemeinen Krise des Kapitalismus, der zyklischen Entwicklung seiner Wirtschaft, zur Lage der Arbeiterklasse und ihrer Arbeitsbedingungen im Kapitalismus. Ihr Weg eines marxistischen Wissenschaftlers begann ungewöhnlich früh, in einem Alter von kaum zwanzig Jahren. Seitdem wirken Sie auf diesem Gebiet mit kolossaler Energie und Produktivität. Über den großen Beitrag zur Entwicklung der marxistischen Wissenschaft, den Sie geleistet haben, zeugen Ihre vielen Werke, Ihre vierzigbändige *Geschichte der Lage der Arbeiterklasse im Kapitalismus.* Ihre Verbindungen zur sowjetischen Wissenschaft waren immer eng und fruchtbar für die Förderung unserer gemeinsamen Erkenntnisse auf dem Gebiet der Erforschung des modernen Imperialismus. Während Ihres ganzen Wirkens pflegten und pflegen Sie enge Kontakte mit unserem Institut und seinem Vorgänger, dem Institut für Weltwirtschaft und Weltpolitik. Wir sind überzeugt davon, daß diese Zusammenarbeit noch viele, viele Jahre fortdauern wird. Ihr Jubiläum, lieber Genosse Kuczynski, begehen Sie in voller Blüte Ihrer Spannkraft und Energie. Wir wollen an diesem Tage noch einmal unsere tiefe Achtung zum Ausdruck bringen und unseren Dank für Ihre Arbeiten, mit denen Sie unsere Wissenschaft bereichert haben." Direktor des Instituts, Akademiemitglied Innozemzev.

Erlauben Sie, zu dieser kollektiven Grußadresse auch etwas Persönliches hinzuzufügen. Zum ersten Mal sah ich Genossen Kuczynski nach dem Weltkrieg 1946, genau kann ich mich jetzt nicht mehr an das Jahr erinnern, an unserem Institut, am Institut für Weltwirtschaft und Weltpolitik, wo er zu Besuch zu Genossen Varga kam. Ich dachte, ich würde jetzt so einen alten Mann mit einem großen Bart antreffen, und zu meinem Erstaunen kam ein ganz junger Mensch mit seiner sehr hübschen Frau, und ich habe da zum ersten Mal erkannt, daß Jugend kein Grund ist, um Versäumnisse zu entschuldigen, und jetzt kann ich da hinzufügen, daß auch das Alter kein Grund dafür ist. Für mehrere Generationen marxistischer Forscher ist der Name Kuczynski ein Begriff, und zwar nicht nur der Begriff eines hervorragenden Wissenschaftlers, sondern einer bedeutenden Persönlichkeit. Die Einschätzung der vielseitigen Verdienste von Genossen Kuczynski um die marxistische Wirtschaftswissenschaft ist von berufener Seite gegeben worden, und ich möchte mich jetzt nur noch mit ein paar Worten an unseren Jubilar wenden, um ihm zu sagen, was seine Persönlichkeit für uns, etwas jüngere, etwas ältere oder noch ganz junge sowjetische Wissenschaftler bedeutet. Lieber Genosse Kuczynski, ich möchte, daß Du Dir im klaren bist, welche große Auswirkung auf uns nicht nur Dein Werk, sondern auch Deine Persönlichkeit hat. Es ist erstens die nicht nachlassende, sondern eher in ihrem Ausmaße und in ihrer Intensität wachsende Spannkraft Deiner Tätigkeit, die immer wieder Verwunderung und Bewunderung auslöst, und nicht selten uns an unsere eigene Trägheit erinnert. Es ist zweitens der Elan, die Vielseitigkeit Deines Wissens, die eigentlich so viele Gebiete erfaßt, wie sie die Geisteswissenschaft kennt, und die auch nicht selten uns an die eigene Unzulänglichkeit unseres Wissens erinnert. Es ist drittens Dein Temperament, das keine Gleichgültigkeit kennt, das mitreißt, sowohl Meinungsgenossen wie Opponenten. Und wenn Du das alles in Betracht ziehst, wirst Du erkennen, daß Du die Pflicht hast, nicht nur gesund zu bleiben, immer gesund zu sein, sondern die Spannkraft, den Elan und das Temperament zu bewahren, das so wesentlich Züge Deiner Persönlichkeit sind. So sehen wir, Deine sowjetischen Freunde, den Genossen Kuczynski und so wollen wir ihn weiterhin sehen noch viele, viele Jahre.

Werner Mittenzwei

Über Jürgen Kuczynskis literaturwissenschaftliche Arbeiten

Jürgen Kuczynski bekennt in seinen Arbeiten wiederholt voll Dankbarkeit, wieviel ihm als marxistischen Wissenschaftler die Schöne Literatur gegeben hat. Heute aber ist es an der Zeit, darzustellen, was Kuczynski der Literatur und der Literaturwissenschaft gegeben hat. Seine literaturwissenschaftlichen Studien sind keine zufällige Berührung mit einer anderen Wissenschaft, sind keine Arbeiten am Rande der eigentlichen fachwissenschaftlichen Forschung. Für ihn ist die Beschäftigung mit der Schönen Literatur stets unentbehrlich gewesen, sie gehört zu den spezifischen Merkmalen seiner Persönlichkeit, seiner Arbeitsweise, seiner Methodologie. In der Entwicklung der Literaturwissenschaft unseres Landes nehmen seine Studien einen wichtigen Platz ein. Sein Beitrag ist im Umfang ebenso imposant wie an Ideenreichtum. Die unterschiedlichsten Gestalten und Werke der Weltliteratur fanden durch ihn eine eingehende Analyse. Dabei verbleiben seine Forschungen nicht in dem Rahmen der Nationalphilologie. Die englische und französische Literatur spielt bei ihm eine ebenso große Rolle wie die deutsche. Erstaunlich auch, wie intensiv Kuczynski sich mit dem zeitgenössischen literaturwissenschaftlichen Forschungsstand beschäftigte; was er alles gelesen, verarbeitet und weitergeführt hat. Zu den wesentlichsten literaturkritischen Arbeiten der jüngeren Generation nimmt er Stellung, gibt er Hinweise, wie die neugewonnene Position ausgebaut werden kann oder aber — und das ist nicht selten — meldet er Bedenken an, schlägt Korrekturen vor. Es verwundert allerdings auch, daß in unserer Zeit, die lautstark die interdisziplinäre Zusammenarbeit fordert, eine wirklich intensive Beschäftigung mit dem literaturwissenschaftlichen Werk Kuczynskis ausgeblieben ist.

Hier ist nicht der Ort, die thematische und gedankliche Vielfalt der literaturwissenschaftlichen Arbeiten Jürgen Kuczynskis vorzustellen. Obwohl es gerade aus aktueller Sicht in seinem Werk hochinteressante Anknüpfungspunkte gibt. Ich möchte mich in meinen Ausführungen auf eine Frage beschränken, die, auf einen knappen Nenner gebracht, so lautet: Worin besteht bei aller Vielfalt an

Problemen der methodologische Drehpunkt in den literaturwissenschaftlichen Arbeiten von Jürgen Kuczynski? Die beiden Bände *Gestalten und Werke* führen den Untertitel *Soziologische Studien zur Literatur.* Ich will nicht behaupten, daß dieser Untertitel völlig verfehlt ist, aber er verdeckt das eigentliche Anliegen des Autors. Auch für den Wirtschaftshistoriker Kuczynski ist die Schöne Literatur nicht nur eine Wissensquelle, die eben ein exakt arbeitender Historiker nicht übersieht. Für ihn ist Literatur ein Instrument, wie es der von ihm gern zitierte Taine beschreibt: „Die Literatur gleicht jenen außerordentlich feinen, ausgezeichneten Apparaten, mittels derer die Physiker die geringfügigsten, unscheinbarsten Änderungen an einem Körper entdecken und messen."[1] Von einer solchen Wertschätzung ausgehend, dominieren in Kuzynskis literaturwissenschaftlichen Analysen zwei methodologische Elemente, die ein eigenartiges dialektisches Spannungsfeld bilden. Zunächst kommt es bei ihm zu einer sehr genauen Historisierung aller literarischen Ereignisse. Die Basisvorgänge der Literatur werden aufgehellt. Auf diese Weise gelingt es ihm, beachtliche Differenzierungen und neue Gesichtspunkte einzubringen. Aber das ist eben nur die eine Seite. Wer Kuczynskis Beitrag darauf beschränkt, daß er als Wirtschaftshistoriker in der Lage ist, die Basisbedingungen der Literatur gründlicher zu erschließen als das dem Literaturhistoriker oft möglich ist, mißversteht sein Anliegen gründlich. Die andere Seite seiner Methodologie, der er sich mit Intensität und polemischem Temperament widmet, ist die Untersuchung der spezifisch künstlerischen Erfassung der Wirklichkeit. Die Unterschiede zwischen wissenschaftlicher und künstlerischer Perzeption bilden den methodologischen Drehpunkt seiner Arbeiten. Es ist auch keineswegs zufällig, daß er sich gerade in den letzten Jahren immer wieder speziell mit diesem Thema beschäftigte.

In seinen Ausführungen über die künstlerische und wissenschaftliche Aneignung der Welt stützt sich Kuczynski auf den Gedanken von Marx, daß sich der „denkende Kopf" die Welt in seiner Weise aneignet, die verschieden ist von der des Künstlers. Kompliziert, aber sehr aufschlußreich, wird dieses Problem, wenn man Werk und Arbeitsweise von Persönlichkeiten untersucht, die beide Aneignungsformen beherrschen. Solchen Gestalten gilt vor allem Jürgen Kuczynskis Interesse. In seinen Studien über Lichtenberg, Goethe, Novalis, Zola, Brecht widmet er sich vor allem der Frage, wie sich bei diesen Dichtern die Aneignung der Welt vollzieht. Er arbeitet die Erfahrungen heraus, die die Großen der Weltliteratur mit den einzelnen Aneignungsformen gemacht haben.

[1] Siehe: Jürgen Kuczynski, Der Wissenschaftler und die Schöne Literatur, in: Neue Deutsche Literatur, Berlin, Heft 2/1971, S. 9.

Auf diese Weise lenkt Kuczynski die Aufmerksamkeit wieder stärker auf die Erforschung und Handhabung des Kunstspezifischen. Es ist ein sehr eigenartiger und dennoch einleuchtender Vorgang, daß die Bedeutung und Aussagekraft des Kunstspezifischen von einem Manne herausgearbeitet wird, der eine interdisziplinäre Forschung im besten Sinne betreibt. Deshalb auch sind seine literaturwissenschaftlichen Arbeiten alles andere als nur soziologische Beiträge zur Literatur. Kuczynski will die Eigenart des Ästhetischen verständlich machen. Es geht ihm um die Entdeckerkraft, über die die Kunst verfügt.

Die Problematik der künstlerischen und wissenschaftlichen Perzeption wird von Kuczynski in einer geradezu provokatorischen Weise aufgerollt. Überhaupt ist die positive Provokation ein Grundzug seiner Arbeitsweise, seiner Methode. Und damit hat er durchaus recht, denn mit kleinen Differenzierungen ist diesem Problem nicht beizukommen. Es bedarf der großflächigen Bearbeitung, der direkten Gegenüberstellung von Gesetzmäßigkeiten. Zu welchen Folgen es führt, wenn die spezifischen Aneignungsweisen nicht beachtet werden, untersucht er in seinem Zola-Essay. Er analysiert den Versuch Zolas, die Wissenschaften, die wissenschaftliche Haltung zu einer Grundvoraussetzung der Kunst zu machen. Er wirft die Frage auf: „Hat Zola recht, daß der Künstler unbedingt wissenschaftlich gebildet sein muß, um wirklich realistisch wirken zu können?" Und Kuczynski antwortet entschieden: „Ich glaube, man kann diese Frage verneinen."[2] Er geht davon aus, daß der Künstler die Welt mit dem Auge, mit den Sinnen, nicht aber mit dem Verstand, dem logischen Denkvermögen sich aneignet. Zola habe versucht, wissenschaftliche Weltanschauung und künstlerisches Sehen zu harmonisieren, indem die künstlerische Perzeption durch die wissenschaftliche Erkenntnis kontrolliert werde. Bei Zola sei dabei etwas Schiefes herausgekommen; und zwar nicht in erster Linie deshalb, weil die wissenschaftliche Konzeption Zolas — die sich auf Milieu und Vererbung stützt — falsch gewesen sei, sondern weil durch die „Vermischung" der Aneignungsformen ein Verlust an Aussagekraft und künstlerischer Gestaltung eingetreten sei. Aus diesem Dilemma zieht Kuczynski folgende Schlußfolgerungen: „1. Wir müssen (bei aller ‚Vermischung' in der Praxis) zwischen künstlerischer und wissenschaftlicher Perzeption unterscheiden. 2. Die künstlerische Perzeption ist bisher oft in der Erfassung der Realität der wissenschaftlich-verstandesmäßigen überlegen gewesen. 3. Ein zu scharfes Betonen einer Kontrolle der künstlerischen durch die wissenschaftliche Perzeption hat bei Künstlern daher oft zu schädlichen Auswirkungen auf das Kunstwerk geführt — Beispiel: Zola."[3]

[2] Jürgen Kuczynski, Gestalten und Werke, Bd. 2, Berlin und Weimar 1971, S. 408.
[3] Ebenda, S. 412.

Bei diesen Untersuchungen berührt sich Kuczynski — sei es kritisch oder zustimmend — immer wieder mit Georg Lukács. Beide betonen die Bedeutung und die Besonderheit des Ästhetischen; beide sehen in der Unterscheidung zwischen künstlerischer und wissenschaftlicher Widerspiegelung eine Grundvoraussetzung der marxistischen Forschung. Wenn sie jedoch dazu übergehen, die Wesensmerkmale und Gesetzmäßigkeiten der einzelnen Bewußtseinsformen zu bestimmen, gelangen sie zu unterschiedlichen Resultaten.

Kuczynski hält sich an die Unterschiedlichkeiten, die, wie er schreibt, für jeden offenbar sind: „Ich glaube, die beiden zentralen Kategorien der Unterschiedlichkeit der wissenschaftlichen und künstlerischen Aneignung sind Logik und Schönheit. Keine wissenschaftliche Wahrheit, die nicht logisch ist. Keine künstlerische Wahrheit, die nicht schön ist."[4] So sehr diese Kategorien auch stellvertretend für die Kunst einerseits und die Wissenschaft andererseits gebraucht werden, halte ich sie nicht für geeignet, die Gesetzmäßigkeiten und Wesensmerkmale dieser Aneignungsformen zu erschließen. Wesentlicher ist schon Kuczynskis Vorstellung vom „künstlerischen Sehen" wie auch die Rückbesinnung auf den von Helmholtz geprägten Begriff des „anschauenden Gefühls". „Natürlich steht das Wort *Sehen*", schreibt Kuczynski, „für eine ganze Konglomeration von gedankenvollen Sinnes- und Gefühls-Aktivitäten, es umfaßt einen ganzen geistig-sinnlichen Prozeß, in denen das wissenschaftliche, das theoretische Denken aber keine entscheidende Rolle spielt. Daher auch die volkstümliche Auffassung vom weltfremden, wirren Dichter, die nichts anderes besagt als das Staunen des Menschen darüber, daß die großen künstlerischen Leistungen nichts mit der Verstandesleistung, nichts mit der Wissenschaft zu tun haben. (Das heißt natürlich nicht, daß der Dichter nicht auch einen großartigen Verstand haben, wissenschaftlich hochgebildet sein kann — man denke nur an Goethe, Heine oder Brecht.)"[5] Damit rückt Kuczynski das Ausfindigmachen der Unterschiede in den Bereich der Methode. Er selbst betont, daß der tiefste Grund für den Unterschied zwischen Wissenschaft und Kunst in der Formfrage zu suchen sei. Denn beide, Wissenschaftler wie Künstler, spiegeln nicht unterschiedliche Seiten der Realität, sondern die gleiche, einheitliche Wirklichkeit wider. Sie haben für ihr Werk den gleichen Rohstoff, nur die methodologische Aneignung ist verschieden.

In diesem Punkt berührt sich Kuczynski wieder mit Georg Lukács, obwohl er dessen Kerngedanken in der Abbildfrage nicht zu teilen scheint. Auch Lu-

[4] Jürgen Kuczynski, Künstlerische und wissenschaftliche Aneignung, in: Neue Deutsche Literatur, Berlin, Heft 2/1973, S. 5.

[5] Jürgen Kuczynski, Künstlerische und wissenschaftliche Aneignung der Welt, in: Weimarer Beiträge, Berlin, Heft 3/1972, S. 40.

kács sieht in der künstlerischen Widerspiegelung einen Vorgang, wie er auch in anderen Bewußtseinsformen, der Wissenschaft, dem Alltag anzutreffen sei, nur vollziehe sich der Verallgemeinerungsprozeß in der Kunst auf anderem Wege als in der Wissenschaft. In seinen literarischen Essays betont Lukács, daß die beiden Momente, Wesen und Erscheinung, gleichermaßen Momente der objektiven Wirklichkeit seien. Er stützt sich auf den Marxschen Gedanken, daß alle Wissenschaft überflüssig wäre, wenn die Erscheinungsform und das Wesen der Dinge unmittelbar zusammenfielen. Aber der Verallgemeinerungsprozeß in der Kunst, erläutert Lukács, laufe gerade auf die Herstellung der Einheit von Wesen und Erscheinung hinaus. Das Ziel jeder großen Kunst sei es, so führte er aus: „... ein Bild der Wirklichkeit zu geben, in welchem der Gegensatz von Erscheinung und Wesen, von Einzelfall und Gesetz, von Unmittelbarkeit und Begriff usw. so aufgelöst wird, daß beide im unmittelbaren Eindruck des Kunstwerkes zur spontanen Einheit zusammenfallen, daß sie für den *Rezeptiven eine unzertrennbare Einheit bilden.*" (Hervorhebung von mir — W. M.)[6] Lukács arbeitet diese untrennbare Einheit von Wesen und Erscheinung heraus, dabei läßt er das Wesen in der Erscheinung aufgehen. In dieser Verallgemeinerung der Vorgänge erblickt er den wesentlichen Vorteil der marxistischen Ästhetik gegenüber der bürgerlichen Kunstphilosophie, für die, infolge ihres Mangels an Dialektik, Wesen und Erscheinung starr gegenüberstehende Antinomien bilden. In der Gegensätzlichkeit, so argumentiert Lukács, werde von den bürgerlichen Theoretikern nicht die dialektische Einheit der Widersprüche erkannt. Obwohl man Lukács in dieser Polemik nur zustimmen kann, erfolgt bei ihm wiederum die Überbetonung der Einheit gegenüber der Widersprüchlichkeit. Die Widersprüche innerhalb der Einheit werden vom ihm fast ausgeklammert. Hier liegt auch der Grund, der zu der scharfen Kontroverse Brechts mit Lukács führte.

Aber auf diese spezifischen Abbildfragen geht Kuczynski nicht ein. Er verfolgt ein anderes Anliegen. Ihm kommt es darauf an, die Überlegenheit der künstlerischen Perzeption deutlich zu machen. Mit seinen Analysen will er darauf hinweisen, daß sich innerhalb der gleichberechtigten Beziehungen von Kunst und Wissenschaft die Schöne Literatur oft als die „überlegene Schwester" gezeigt habe.[7] Lukács demonstriert zwar auch die Überlegenheit der künstlerischen Perzeption gegenüber der weltanschaulichen Einsicht des Dichters, aber die direkte Gegenüberstellung, die betonte Überlegenheit der künstlerischen Perzeption vor der wissenschaftlichen findet sich bei ihm nicht. Kuczynski

---

[6] Georg Lukács, Probleme des Realismus, Berlin 1955, S. 13 f.

[7] Jürgen Kuczynski, Der Wissenschaftler und die Schöne Literatur, a. a. O., S. 13.

stellt die Überlegenheit ganz bewußt heraus und betont sie an mehreren Stellen seines Werkes. So heißt es bei ihm: „Wie weit überlegen ist doch Shakespeare jeden Gesellschaftswissenschaftler seiner Zeit in der Aneignung der Realität der englischen Gesellschaft!“[8] Obwohl er die Überlegenheit der künstlerischen Aneignung auf die Zeit vor dem Marxismus eingrenzt, sei auch heute noch, „wo unsere wissenschaftliche Aneignung der gesellschaftlichen Welt, fußend auf den Werken der Klassiker des Marxismus-Leninismus, so unendlich überlegen ist der aller Gesellschaftswissenschaftler vor Marx“, die künstlerische der wissenschaftlichen Aneignung überlegen. Er beweist das vor allem an der Darstellung des Bürgerkrieges in Sowjetrußland durch Scholochow.[9]

Man muß Kuczynskis These von der Überlegenheit der künstlerischen Weltaneignung im Zusammenhang mit jenen Veränderungen sehen, die sich in der sozialistischen Kunstpraxis der letzten Jahre vollzogen. Der große Fortschritt in der Durchsetzung der marxistisch-leninistischen Weltanschauung führte in den fünfziger und sechziger Jahren auf dem Gebiet der Kunst zu einer Überbetonung wissenschaftlicher Weltsicht als Voraussetzung künstlerischer Gestaltung. Damit verbunden war ein überspannter Anspruch an die Kunst, den sie gar nicht erfüllen konnte. Ende der sechziger Jahre setzte dann eine Ernüchterung ein, eine Rückbesinnung auf die elementare Kraft des Poetischen, auf die Eigenart des Ästhetischen. Diese ganze Problematik ist in den Werken einiger unserer Schriftsteller deutlich abzulesen. Sie zeigt sich bei Peter Hacks wie bei Christa Wolf. Aber sie wurde auch direkt zur Sprache gebracht. So schreibt Peter Hacks in den Anmerkungen zu seinem Stück *Adam und Eva*: „Die Wissenschaft weiß nicht alles. Und dort, wo sie weiß, taugt sie noch längst nicht für die Kunst. Die anschauliche Weise des Begreifens, welche nicht allein den Kopf, sondern auch die Haltung des Begreifenden verändert, erzielt, wenn es ums praktische Urteilen geht, sehr häufig das reichere und richtigere Ergebnis.“[10] Kuczynskis Studien sind der theoretische Reflex, die wissenschaftliche Verallgemeinerung dieser Vorgänge in der Kunstpraxis, ja im künstlerischen Schaffensprozeß. Aber auch in der internationalen marxistischen Diskussion gewinnt diese Problematik immer mehr an Bedeutung. Die These von der Überlegenheit der künstlerischen Weltaneignung wird auch von Lucien Sève kräftig unterstützt, wenn er schreibt, daß darüber, was ein Mensch aus seinem Leben macht und was das Leben aus ihm gemacht hat, die Wissenschaft noch

---

[8] Jürgen Kuczynski, Künstlerische und wissenschaftliche Aneignung, a. a. O., S. 3.

[9] Jürgen Kuczynski, Goethe über die Beziehungen von Kunst und Wissenschaft, in: Weimarer Beiträge, Berlin, Heft 12/1972, S. 142.

[10] Peter Hacks, Über „Adam und Eva“, in: Sinn und Form, Berlin, Heft 1/1973.

lange nicht soviel weiß, wie die Kunst in ihren besten Werken unaufhörlich zu sagen hatte.[11]

Mir scheint jedoch die Anknüpfung an die alte Spinozasche Fragestellung bei Sève, daß der Geist desto mehr befähigt ist zu fingieren, zu erfinden, je weniger er erkennt, sehr bedenklich.[12] Wie problematisch die These von der Überlegenheit der künstlerischen Perzeption ist, zeigt sich bei Goethe und Brecht. Beide Dichter hatten eine äußerst laxe Auffassung über die Unterschiedlichkeit von künstlerischer und wissenschaftlicher Perzeption, obwohl sie sich über die Unterschiede im klaren waren. Kuczynski ist diesen Schwierigkeiten nicht ausgewichen; er hat sich diesen Problemen gestellt, die mit dem kunstpraktischen wie theoretischen Credo dieser Dichter aufgeworfen werden. Für Goethe ist der Unterschied zwischen künstlerischer und wissenschaftlicher Perzeption ebenso wenig ein lohnendes Thema wie für Brecht. „Kunst und Wissenschaft sind Worte, die man oft braucht und deren genauer Unterschied selten verstanden wird", heißt es bei Goethe.[13] Brecht reagierte empfindlich auf jene, die nie genug betonen können, Kunst und Wissenschaft seien zwei völlig getrennte Gebiete menschlicher Tätigkeit. Man tue immer gut, pflegte Brecht in diesen Fällen zu sagen, „schnell zu versichern, daß das ganz richtig ist, wie die meisten Gemeinplätze".[14] Während Kucyznski Goethes Position sehr ausführlich analysiert, ist Brecht für ihn nur das Beispiel für die „harmonische Verbindung von ganz großer künstlerischer und verstandesmäßig-wissenschaftlicher Perzeption".[15] Brecht ist für ihn einfach die Ausnahme.

Aber gerade die Brechtsche Haltung zu Wissenschaft und Kunst ist, wenn vielleicht auch nicht die Auflösung des Problems, so doch der entschiedene Vorstoß. Wenn Brecht von der unmittelbaren Funktion der Wissenschaft im Kunstprozeß selbst spricht, so versteht er hier die Anwendung der dialektischen Methode. Nicht vorwiegend auf die neuen Denkresultate, sondern auf die neue Denkweise kommt es ihm an. Darauf besteht er. Für ihn bildet die materialistische Dialektik von Denken und Verhalten einen ganz neuen Zugang zur künstlerischen Gestaltung. Über die Dialektik, die das Verhalten der Dinge und Menschen aufhellen hilft, baut Brecht seine Methode aus. Ohne dialektisches Denken ist für Brecht keine künstlerische Beobachtung möglich. Gerade das naive Staunen über lange nicht geänderte Zustände sei nur durch Dialektik

[11] Lucien Sève, Marxismus und Theorie der Persönlichkeit, Berlin 1972, S. 423.

[12] Ebenda, S. 424.

[13] Goethes Sämtliche Werke, Jubiläumsgabe, Stuttgart und Berlin o. J., Bd. 38, S. 277; zitiert bei: Jürgen Kuczynski, Goethe über die Beziehungen von Kunst und Wissenschaft, a. a. O., S. 151.

[14] Bertolt Brecht, Schriften zum Theater, Bd. III, Berlin und Weimar 1964, S. 64.

[15] Jürgen Kuczynski, Gestalten und Werke, Bd. II, a. a. O., S. 412.

auszulösen. Aus der Einheit von Denken und Beobachten konstituiert sich bei Brecht die künstlerische Methode. Es handelt sich hier um denselben Vorgang, den Kuczynski als „künstlerisches Sehen“ umschreibt. Was bei Goethe noch mehr antinomisch betrachtet wird, wenn er sagt, „Denken ist interessanter als Wissen, aber nicht als Anschauen“[16], stellt Brecht in einen dialektischen Zusammenhang. Das ganze Verhältnis von Kunst und Wissenschaft erhält bei ihm durch die bewußte Anwendung der materialistischen Dialektik eine größere Souveränität. Der Unterschied von künstlerischer und wissenschaftlicher Perzeption wird nicht aufgehoben, aber die Aneignungsformen verlieren ihre Ausschließlichkeit; sie nähern sich nicht an, aber sie bedienen sich gegenseitig. Brecht geht davon aus, daß die neue Denkweise auch die Gewohnheit, Kunst entgegenzunehmen, radikal verändert. Er konnte sich die neue Denkweise auf künstlerischem Gebiet nicht anders vorstellen als die Befreiung von den alten Rezeptionsgewohnheiten.

Hier ist nicht der Ort, die einzelnen Phasen zu beschreiben, in denen Brecht die materialistische Dialektik zum wesentlichen Element seiner künstlerischen Methode machte und damit half, ein neues Verhältnis von künstlerischer und wissenschaftlicher Perzeption im künstlerischen Schaffensprozeß herauszubilden. Was Brecht um 1930 in seinen Lehrstücken noch mehr rational zu postulieren als ästhetisch umzusetzen vermochte, entwickelte er später als ästhetische Kategorie. Produktivität, Naivität und Genuß sind die ästhetischen Kategorien seines Spätwerkes. In diesen Kategorien ist seine Vorstellung von der Dialektik, von der neuen Denkweise, eingegangen. Das wissenschaftliche Element ist im Ästhetischen dialektisch aufgehoben. In seinen letzten Lebensjahren spricht Brecht oft davon, daß die Dialektik zu einer Sache des Gefühls, des Genusses werden müsse. Was Brecht will, ist nicht eine wissenschaftliche Kunst, ein verwissenschaftlichtes Theater, sondern ein wissenschaftliches Zeitalter. In einer solchen Gesellschaft haben Kunstwerke das Recht, „intelligenter zu sein als die wissenschaftliche Psychologie ihrer Zeit, aber nicht das Recht, dümmer zu sein“.[17]

Innerhalb dieser Thematik gibt es noch viele offene Probleme. Jürgen Kuczynski hat, wie auf vielen anderen Gebieten, auch hier einen wichtigen Vorstoß unternommen und neue Überlegungen zur Diskussion gestellt. Aus seinen vielfältigen Arbeiten ist vor allem zu lernen, daß ein guter Gedanke die ganze Persönlichkeit des Verfassers braucht, damit er Spuren hinterläßt im Denken der Zeitgenossen und im großen Buch der Wissenschaft.

---

[16] Goethes Sämtliche Werke, Abteilung II, Bd. 11, a. a. O., S. 371; zitiert bei: Jürgen Kuczynski, Goethe über die Beziehung von Kunst und Wissenschaft, a. a. O., S. 149.

[17] Bertolt Brecht, Gesammelte Werke, Bd. 19, Frankfurt am Main 1967, S. 411.

Václav Vaněček

Festigung und Vertiefung der sozialistischen Zusammenarbeit

Verehrte Festversammlung, verehrte Genossen und Kollegen!

Ich bin beehrt worden, bei der heutigen festlichen Gelegenheit eine der Schwesterinstitutionen der sozialistischen wissenschaftlichen Welt, die Tschechoslowakische Akademie der Wissenschaften, vertreten zu dürfen, deren Präsidium mich beauftragt hat, dem Ordentlichen Mitglied der Akademie der Wissenschaften der DDR Jürgen Kuczynski zu seinem Lebensjubiläum die herzlichsten Glückwünsche und Grüße zu überbringen.

In unserem Lande ist Prof. Kuczynski schon seit Jahren sehr gut bekannt, und seinen Werken auf dem Gebiete der Ökonomie und der Wirtschaftsgeschichte wurde immer eine außerordentliche Aufmerksamkeit gewidmet. Im Jahre 1954 erschien in Prag in tschechischer Übersetzung das Buch Jürgen Kuczynskis *Die politökonomische Apologetik des Monopolkapitals in der Periode der allgemeinen Krise des Kapitalismus* und in dasselbe Jahr fiel auch ein zweiwöchiger Aufenthalt Prof. Kuczynskis in Prag und in Bratislava, ein von Vorlesungen und Diskussionen erfüllter Aufenthalt, welcher in Fachkreisen unter Ökonomen, Historikern und Juristen noch heute in guter Erinnerung ist. Ich zitiere aus einem Artikel, der damals in einer von der Prager Akademie herausgegebenen Fachzeitschrift erschienen ist:

„Wir können anführen, daß jede der Vorlesungen Prof. Kuczynskis ein wirkliches Erlebnis war. Jeder Gedanke — von welchen viele für uns neu waren — wurde durch sorgfältig gesammeltes und bearbeitetes Material dokumentiert. Die strenge Logik, die Verbundenheit und Durcharbeitung der außergewöhnlich interessanten Thematik, verstanden es, die Zuhörer voll in Spannung zu halten." Und der Bericht über den Aufenthalt Prof. Kuczynskis in unserer Republik wird mit Worten fortgesetzt, die die inzwischen vergangenen zwanzig Jahre voll bestätigt haben: „Genosse Jürgen Kuczynski stellte sich uns als wirklicher marxistischer Wirtschaftswissenschaftler vor. Seine Bemerkung, daß kein guter Ökonom ohne Kenntnis der Geschichte existieren kann, wie ebensowenig von einem marxistischen Historiker gesprochen werden kann, wenn er die Politische Ökonomie nicht beherrscht, wies auf eine der Schwächen der Gesellschaftswissenschaften in der ČSSR hin."

Und der angeführte Artikel aus dem Jahre 1954 fährt dann weiter mit Worten fort, deren Zitierung ich gleichfalls nicht übergehen kann: „Wir müssen uns von Genossen Kuczynski seine Liebe zur Arbeit, seinen wissenschaftlichen Elan aneignen. Bei seinen Vorlesungen, Konsultationen und Aussprachen wurde uns von neuem bewußt, daß wir die anderen nicht entzünden können, ohne selbst zu brennen. Das beständige Suchen nach Belehrung bei den Klassikern des Marxismus-Leninismus, der Glaube an die Wahrhaftigkeit der Ziele des Proletariats, Aufmerksamkeit und Menschenliebe sind die Merkmale eines marxistischen Wissenschaftlers, wie ihn Genosse Jürgen Kuczynski darstellt."

Lieber Genosse Kuczynski! Ich glaube annehmen zu dürfen, daß die eben angeführte Einschätzung, die aus den Reihen Ihres tschechischen und slowakischen Publikums hervorgegangen ist, auch heute noch volle Gültigkeit hat. Ihr Werk war und ist auch heute noch bei uns Gegenstand eines intensiven Studiums, und unsere Ökonomen und Historiker betonen die Tatsache, daß sie durch einige Arbeiten und Ausführungen einen Beitrag zur weiteren Entfaltung Ihrer wissenschaftlichen Konzeptionen darbringen könnten. Bekanntlich ist gerade die Frage, inwieweit das eigene Werk die Arbeit anderer Forscher beeinflußt und wissenschaftliche Diskussionen hervorgerufen hat, eines der Kriterien, nach welchen wir die Bedeutung des Werkes beurteilen. Es kann konstatiert werden, daß eben in Beziehung zur tschechischen Historiographie in der gemeinsamen Sitzung der gesellschaftswissenschaftlichen Klassen Ihrer merkenswerter Stellen in den Arbeiten tschechischer Historiker, und zwar auch aus der letzten Zeit, bezeugt.

Und umgekehrt, auch Sie selbst haben immer die Entwicklung der wissenschaftlichen Arbeit bei uns mit lebendigem Interesse verfolgt. Erlauben Sie in diesem Zusammenhang eine persönliche Erinnerung. Als ich im Jahre 1961 in der gemeinsamen Sitzung der gesellschaftswissenschaftlichen Klassen ihrer Akademie einen Vortrag über die Friedensprojekte Königs Georg von Poděbrady und Johannes Amos Comenius hielt, waren Sie unter den Genossen, die dem Inhalt meiner Vorlesung volle Aufmerksamkeit widmeten und mir durch ihre Diskussionsbeiträge sehr wertvolle Anregungen zu weiteren Überlegungen gaben.

Ich bin glücklich, Ihnen im Namen der Tschechoslowakischen Akademie der Wissenschaften, ihres Präsidiums und ihres Präsidenten Jaroslav Kožešník persönlich die innigsten Wünsche für eine gute Gesundheit und für weitere Arbeitserfolge übergeben zu dürfen. Ich danke Ihnen gleichzeitig für alles, was

Sie zur Entwicklung der sozialistischen Wissenschaft in unserem Staate beigetragen haben.

Und ich kann hier die Überzeugung aussprechen, daß der heutige Tag eine neue und bedeutungsvolle Gelegenheit darstellt zur Festigung und Vertiefung der sozialistischen Zusammenarbeit, welche schon mehr als zwei Jahrzehnte zwischen den Wissenschaftlern der DDR und der ČSSR besteht und deren weitere erfolgreiche Entfaltung ebenso Ihnen, Genosse Kuczynski, wie uns allen am Herzen liegt.

Bleiben Sie lange in voller Gesundheit unter uns!

Joachim Herrmann

Zur Rolle der Volksmassen in den vorkapitalistischen Klassengesellschaften

Eine im politischen Kampf erwachsene Gelehrtenarbeit, die sich über fast zwei Generationen erstreckt und die ihre Ergebnisse in mehreren Dutzend Monographien und unzählbaren Aufsätzen und Essays der Gesellschaft und der Wissenschaft übergibt, vermag tiefe Gedankenfurchen und breite Bahnen des Wissens und der Erkenntnis für Zeitgenossen, Schüler und Freunde zu ziehen. Jürgen Kuczynski berührt in seinen Werken in der einen oder anderen Weise — stets mit dem Blick auf den Kampf um unsere sozialistische Welt und ihre Entwicklung — nahezu alle Bereiche der Gesellschaftswissenschaften, darunter auch alle Epochen und Perioden der Geschichte der Menschheit von ihren Anfängen bis in unsere Zeit.

Ich sprach von den tiefen Gedankenfurchen, die diese Arbeit gebahnt hat und in denen wir oftmals bequem zu schreiten vermögen. Wo Furchen sind, finden sich jedoch auch Grate, Gedankengrate, auf denen es sich beschwerlicher gehen läßt, die aber für den Fortgang der Forschung von nicht minder großer Bedeutung sind. Auf eine Frage, die die Geschichte der vorkapitalistischen Klassengesellschaften berührt, möchte ich in der heute gebotenen Kürze eingehen, nämlich auf die Frage nach der Rolle der Volksmassen in diesen Geschichtsepochen. Das Problem schien in einigen Werken der marxistischen Geschichtsschreibung im wesentlichen geklärt, und zwar in dem Sinne, daß auch in den vorkapitalistischen Klassengesellschaften die Volksmassen den Gang der Geschichte schlechthin bestimmten. Tatsächlich jedoch ist diese These der marxistischen Geschichtsschreibung keineswegs so eindeutig ausgearbeitet.

J. Kuczynski formulierte, ausgehend von einigen Bemerkungen von Marx, Engels und Lenin, dazu sehr prägnant: „Mit der Schaffung des Klassenstaates hören die Massen der Unterdrückten auf, in der Geschichte eine schöpferische Rolle zu spielen. *Alles,* was die Urgemeinschaft geschaffen, war das Werk der Gemeinschaft. Jetzt übernimmt die herrschende Klasse die schöpferische Rolle in der Geschichte. Sie schafft in der Sklavenhaltergesellschaft das, was wir

Kultur nennen, *sie* formt die Gesellschaft in ihren Interessen entsprechender Organisation. Die Sklaven sind die notwendige Grundlage, ohne die die Gesellschaft nicht funktionieren kann. *Wie* sie aber funktioniert, *wie* sie fortschreitet, das bestimmt schöpferisch die herrschende Klasse."[1]

Die Diskussionen, die sich u. a. aus dieser These entwickelten, haben zur genaueren Untersuchung des Problems beigetragen, berührt es doch eine Grundfrage der marxistisch-leninistischen Geschichtswissenschaft, ohne deren Beantwortung die weitere Ausarbeitung unseres Geschichtsbildes nur sehr unzureichend möglich ist. Es hat sich nun gezeigt, daß die Verhältnisse hinsichtlich der Rolle der Volksmassen offensichtlich differenzierter sind, als wir angenommen haben. Es lassen sich große Epochen und Perioden in der Geschichte herausarbeiten, in denen das dialektische Spannungsverhältnis zwischen der Entwicklung der Produktivkräfte und der Produktionsverhältnisse zu großen Volksbewegungen, Volksaufständen, also zu tiefgreifenden Klassenkämpfen geführt hat, in deren Verlauf die Überwindung älterer Geschichtsformen und die Herausbildung von Strukturen einer neuen Gesellschaft erfolgte oder sich entsprechende Tendenzen zeigten. Darüber hinaus aber lassen sich auch solche Perioden erkennen, in denen die Volkskämpfe strukturelle Veränderungen auf der Grundlage bestehender Gesellschaftsordnungen herbeiführten oder wesentlich zu solchen Veränderungen beitrugen. Derartige Perioden waren etwa die Qin-Zeit im China des ausgehenden 3. Jh. v. u. Z., die Sklavenkämpfe im Mittelmeergebiet im 2. und 1. Jh. v. u. Z., die ihre Höhepunkte in den Sklavenerhebungen auf Sizilien, in Kleinasien und wieder Sizilien und schließlich im Spartakus-Aufstand fanden. Wenn wir uns der Geschichte des mittelalterlichen Europas und des deutschen Volkes zuwenden, so finden wir eine solche Periode des Volkskampfes, durch den die Evolution der Feudalordnung entscheidend bestimmt wurde, in der Kommunebewegung des 11. und 12. Jh., als deren Ergebnis sich das Städtebürgertum konstituierte — eine bekanntlich höchst schöpferische, jedoch keineswegs herrschende Klasse.

Im Hinblick auf Charakter und historischen Stellenwert der großen Volksbewegungen lassen sich bei dem gegenwärtigen Forschungsstand vier große Gruppen von Volksbewegungen unterscheiden:

1. Volksbewegungen, die, wie J. Kuczynski unter Hinweis auf K. Marx schrieb, bloßes Piedestal für die Interessenkämpfe der herrschenden Klassen abgaben.

2. Volksbewegungen, die den progressiven Teilen der Ausbeuterklassen oder selbst Fraktionen der herrschenden Klassen als Massenbasis dienten, um ihre

---

[1] J. Kuczynski, Grundzüge der vorkapitalistischen Produktionsweise. Parteihochschule „Karl Marx" beim ZK der SED, Vorlesungen und Schriften, Berlin 1968, S. 20.

letztlich die Gesamtgesellschaft voranbringenden Ziele durchzusetzen.

3. Volksbewegungen, die sich selbst Ziele zur Umgestaltung der Gesellschaft stellten. Diese Ziele waren hinsichtlich Begründung und Formulierung gewiß überwiegend utopisch — setzten sie sich doch vielfach die Abschaffung der Ausbeutung in einer Zeit zum Ziel, als historisch dazu keine wirkliche Möglichkeit bestand. Aber wo findet sich vor der Ausbildung der Arbeiterklasse, des Marxismus und der marxistischen Parteien überhaupt eine geschichtliche Bewegung — sei es der ausgebeuteten oder sei es der herrschenden Klassen, die sich ein Programm zugeben vermochte, das nicht zum großen Teil aus Utopien und Illusionen bestanden hätte? Marx hat mehrfach voller Sarkasmus und Ironie auf diesen Sachverhalt selbst in der Epoche der bürgerlichen Revolutionen der Neuzeit hingewiesen.

4. Schließlich ließen sich ausgedehnte Volksbewegungen erkennen, die im Zusammenhang mit der Auseinandersetzung zwischen verschiedenen Gesellschaftsformationen, vor allem aber in den Auseinandersetzungen der verschiedenen Typen der Klassengesellschaften mit den Stämmen und Völkern, die noch in vielerlei Beziehung in urkommunistischen Gesellschaftsverhältnissen lebten, entstanden. In diesen Auseinandersetzungen formierten sich oftmals große, auch militärisch schlagkräftige, also bewaffnete Volksbewegungen, die erstarrte Strukturen der Klassengesellschaften zerschlugen und die Herausbildung neuer Gesellschaftsverhältnisse erzwangen — auch nach ihrem Bilde. Auf dem Welthistorikerkongreß in Moskau wurde dieses Problem erstmals breiter diskutiert und von sowjetischen Referenten u. a. unter dem Begriff der „Synthese" als der Grundlage einer neuen progressiven Gesellschaftsentwicklung herausgearbeitet.

Damit jedoch sind wir an dem von Jürgen Kuczynski aufgeworfenen Kernproblem. Die beiden zuletzt genannten Arten von Volksbewegungen waren wesentlich für die Weiterentwicklung der Produktion und der Gesellschaft insgesamt, für die Durchsetzung günstiger, vom Stand der Produktivkräfte her möglichen Formen der Aneignung und Aufteilung des Mehrproduktes. Die Ereignisse und Verhältnisse der konkreten Geschichte waren offensichtliche Resultante dieser Kämpfe, nicht das Ergebnis einseitigen Wollens oder Schöpfertums.

Die anfangs zitierte These von J. Kuczynski ließe sich also dahingehend ergänzen:

Mit der Entstehung des Klassenstaates *versuchen* die herrschenden Klassen die Geschichte nach dem Bild, das *sie* sich entsprechend *ihren* Interessen machen, zu gestalten. Tatsächlich jedoch entwickelt sich die Geschichte als Ergebnis des Kampfes der herrschenden Klassen mit den Volksmassen und als Resultante dieses Kampfes. Diese These schließt ein, daß es Perioden der Lethargie der Werktätigen gab, wie Jürgen Kuczynski unter Bezug auf Lenin feststellte, sie schließt aber auch ein, daß es Perioden des Zusammenbruchs der Herrschaft der herrschenden Klassen gab.[2]

J. Kuczynski hat das hier skizzierte Problem in unserer Epoche der revolutionären Veränderungen in allen Teilen unserer Erde aufgeworfen. In weiten Gebieten der Welt leben und kämpfen die Volksmassen noch unter vorkapitalistischen Bedingungen. Die Frage nach der Rolle und Kraft der Volksmassen in der Geschichte der Menschheit und jedes einzelnen Volkes ist daher eine Grundfrage für die historische Selbstverständigung in den Klassenauseinandersetzungen unserer Tage geworden. J. Kuczynski hat dieses Problem angepackt, und wir sind ihm dankbar dafür.

---

[2] Die hier behandelten Fragen sind vom Referenten weiter verfolgt worden in dem inzwischen erschienenen Sitzungsbericht 16/1975 der AdW der DDR sowie in dem Sammelband „Die Rolle der Volksmassen in der Geschichte der vorkapitalistischen Gesellschaftsformationen, Hrsg. von J. Herrmann und I. Sellnow, Berlin 1975, S. 17 ff.

Günter Kröber

Jürgen Kuczynskis Beitrag für die Entwicklung der Wissenschaft von der Wissenschaft

Lieber Jürgen Kuczynski! Meine Damen und Herren!

Die Ankündigung auf der Einladung zum heutigen festlichen Kolloquium, daß hier Freunde und Schüler des Jubilars über neue Forschungsergebnisse berichten werden, hat mir dreifaches Kopfzerbrechen bereitet.

Da war erstens die etwas bange Frage, ob ich mich wohl zu seinem Freundeskreis rechnen darf. Wenn ich die strenge und geduldige Kritik in Rechnung stelle, die er im vergangenen Jahr in einem Briefwechsel an einigen meiner Auffassungen und Argumentationen zum Verhältnis von Objektivität und Parteilichkeit, Methodologie und Weltanschauung in der Wissenschaft geübt hat, so bin ich versucht, diese Frage positiv zu beantworten, denn wer ihn kennt, weiß, daß er seine Freunde stets in besonderem Maße mit — natürlich helfender — Kritik bedenkt.

Die zweite Frage war leichter zu entscheiden. Ich hatte in der Vergangenheit keine Gelegenheit, in seine Schule gehen zu können, kann mich also nicht rühmen, einer seiner zahlreichen Schüler auf dem Gebiet der Wirtschaftswissenschaften oder -geschichte zu sein. Indes hat sich Jürgen Kuczynski nach Abschluß seiner Geschichte der Lage der Arbeiter unter dem Kapitalismus der Wissenschaftswissenschaft zugewandt und auf diesem Gebiet in den letzten Jahren fast soviel publiziert wie unser ganzes Institut zusammengenommen (ich wage nicht, die Frage zu beantworten, ob sich unsere Publikationen auch in ihrer Substanz mit den seinen messen können). Doch ist es nicht das Studium dieser seiner Werke allein und auch nicht allein der Umstand, daß er mich hin und wieder — leider zu selten — im Institut aufsucht und mir mit wenigen gezielten Worten oder auch Fragen immer wieder einen ganzen Sack neuer Probleme aufgibt, was mich mehr und mehr zu seinem Anhänger und Schüler hat werden lassen. In seinen Memoiren sagt er von einem seiner Lehrer, daß er viel von ihm gelernt habe, nicht weil er ihm in seinen Gedankengängen immer folgte, sondern weil er ihnen widersprach.[1] In diesem Sinne darf ich mich denn auch sein Schüler nennen.

Eben dieser Umstand aber, daß sich Jürgen Kuczynski in den letzten Jahren verstärkt der Wissenschaftswissenschaft zugewandt hat, ließ das dritte Problem entstehen: Nämlich welche neuen Forschungsergebnisse ich wohl vorzutragen hätte, die über das, was er selbst schon aufgegriffen und ausgeführt hat, hinausgingen. Schwächt man diese Aufforderung jedoch dahingehend ab, daß auch Zustimmung zu seinen Ergebnissen und ergänzende Gedanken dazu zugelassen sind, so darf ich mich durchaus — und im folgenden zugleich auch im Namen meines Kollegen und Mitarbeiters Hubert Laitko — zu Wort melden.

In Jürgen Kuczynski würdigen wir einen Forscher, der für die Wissenschaft von der Wissenschaft nicht nur mit seinem Lebenswerk als Historiker und Wirtschaftswissenschaftler ein überaus aufschlußreiches *Studienobjekt* geschaffen hat, sondern zugleich zum Kreis jener zählt, die die marxistische Wissenschaftsforschung durch eigene kritische und konstruktive Beiträge voranbringen. Es ist kaum möglich zu entscheiden, welcher seiner Beiträge für die Entwicklung der Wissenschaft von der Wissenschaft gewichtiger ist — sein Hauptwerk, dessen wissenschaftstheoretische Analyse sehr dadurch erleichtert wird, daß er in freigebigen Selbstreflexionen (in deutlichem Unterschied zu vielen anderen Wissenschaftlern der Gegenwart!) mit dem „Know How" seiner Produktion nicht hinter dem Berg hält; sein hochentwickeltes Vermögen, vorhandene oder heranreifende „Engpässe" in unserer Wissenschaftsentwicklung zu diagnostizieren und damit Situationen zu kennzeichnen, deren Analyse für die marxistische Wissenschaftsforschung vordringlich ist — oft in bewußtem Gegensatz zu in der Praxis des Wissenschaftsbetriebes verbreiteten landläufigen Vorstellungen; oder schließlich seine zahlreichen Beiträge zur Ausarbeitung von Problemen der Wissenschaft von der Wissenschaft auf marxistischer Grundlage.

Viele der Ratschläge, die Jürgen Kuczynski aus seiner reichen Erfahrung gibt, beanspruchen die Aufmerksamkeit jedes Gesellschaftswissenschaftlers; für ein gesellschaftswissenschaftliches Gebiet, das die ersten Schritte seiner Entwicklung macht und seine eigenen festen Konturen noch nicht gefunden hat, gelten sie in ganz besonderem Maße. Die Wissenschaft von der Wissenschaft ist ein solches Gebiet. Geboren aus praktischen Anforderungen der gesellschaftlichen Leitung und Planung wissenschaftlicher Arbeitsprozesse, steht sie heute „noch ganz am Anfang — so am Anfang, daß auch Einzelerfahrungen noch ihren Wert haben"[2], besonders dann, wenn sie, wie es Jürgen Kuczynski an vielen Stellen tut, in einer Weise formuliert werden, die ihre wissenschafts-

[1] Vgl. J. Kuczynski, Memoiren, Berlin und Weimar 1973, S. 69.

[2] J. Kuczynski, Gesellschaftswissenschaftliche Besinnungen, Berlin 1973, S. 6.

wissenschaftliche Analyse erleichtert, ohne ihre theoretische Erklärung vorwegzunehmen. Daß die Wissenschaft von der Wissenschaft heute noch keine zuverlässige *eigene* theoretische und methodische Basis besitzt, ist kaum verwunderlich — in der Vielzahl der Faktoren, die im realen gesellschaftlichen Arbeitsprozeß zusammenwirken, gehört Wissenschaft zweifellos zu den allerkompliziertesten Objekten, die die gesellschaftswissenschaftliche Erkenntnis überhaupt vorfindet. In dieser Situation, in der sich handfeste praktische Anforderungen mit tastendem Voranschreiten in den Grundlagen verbinden, suchen wir uns Jürgen Kuczynskis Hinweise mit großer Aufmerksamkeit für die Gestaltung unserer eigenen Arbeit zu eigen zu machen. Zu den ausgeprägten Charakteristika seines wissenschaftlichen Stils gehört die Vereinigung von präziser Festlegung dort, wo Klarheit erreicht ist und Konsequenzen gezogen werden müssen, und Vorsicht und Elastizität gegenüber Situationen, in denen der Stand der Erkenntnis noch keine bestimmten Urteile zuläßt. Für die Wissenschaft von der Wissenschaft ist der dringende Hinweis auf Bescheidenheit und Solidität des Vorgehens, die Warnung vor übereilten Verallgemeinerungen außerordentlich wertvoll.

Sehr wesentlich erscheint uns in diesem Zusammenhang seine fundierte und mitunter auch bissige Polemik gegen die Formulierungen sogenannter Gesetze der Wissenschaftsentwicklung, die nichts weiter als subjektive Eindrücke sind, in denen aus zufälligen Einzelbeobachtungen faktive Trends abgeleitet werden — so etwa das angebliche „Gesetz der Beschleunigung der Umsetzung von Wissenschaft in Technologie und Technologie in Technik"[3] (eine Vorstellung, die eine gründliche Analyse der Überleitungsproblematik behindert hat), das „Gesetz" der unaufhörlichen Verteuerung der Forschungsapparatur, das „Gesetz" maximalen Tempos der Faktensammlung auf allen Gebieten[4] u. a. Jürgen Kuczynskis Kritik hilft, von solchen simplifizierten Ideen loszukommen und das Objekt und die Aufgabe der Wissenschaft von der Wissenschaft nüchterner und realer zu sehen.

Das frühe Entwicklungsstadium, in dem sich unser Gebiet befindet, läßt die Frage nach der konzeptionellen Orientierung des Vorgehens ganz besonders vordringlich erscheinen. Wie sollen wir Wissenschaft von der Wissenschaft so betreiben, daß die Möglichkeiten, die in der weltanschaulichen Basis des Marxismus-Leninismus liegen, und die Vorzüge, die das Bestehen sozialistischer Gesellschaftsverhältnisse dem Betrieb der Wissenschaft ebenso wie ihrer Selbsterkenntnis bietet, wirklich ausgeschöpft werden? In manchen Vorstellungen, die

---

[3] J. Kuczynski, Wissenschaft Heute und Morgen, Berlin 1973, S. 24.

[4] J. Kuczynski, Ebenda, S. 67 f.

in der wissenschaftswissenschaftlichen Literatur vertreten werden, steckt noch ein verborgener Ballast, der unserer Gesellschaft fremd ist und auf die bürgerliche Tradition zurückgeht, Wissenschaft mit „science“ zu identifizieren und sie mit Hilfe von Schemata zu analysieren, die ganz unmittelbar der Untersuchung von Naturgegenständen entlehnt sind. Dieser Ballast erzeugt bisweilen objektivistische und unhistorische Haltungen in der Wissenschaftsforschung, die sich in praktischen Empfehlungen niederschlagen, welche für den Sozialismus einfach eine Nummer zu klein sind.

In Jürgen Kuczynskis Arbeiten erkennt man eine klare Gegenposition zu der bürgerlichen Traditionslinie in der „science of science“, die an die Leistung John Bernals anknüpft, aber zugleich die positiven Konsequenzen aus den sozialistischen Bedingungen der wissenschaftlichen Arbeit in unserer Gesellschaft zieht, die Bernal verständlicherweise nicht ziehen konnte. Mit einer gewissen Vereinfachung, die bei einem solchen Anliegen kaum zu vermeiden ist, erscheinen uns drei Eckpfeiler dieser marxistischen Position in der Wissenschaft von der Wissenschaft entscheidend:

1. Die Wissenschaft von der Wissenschaft kann nicht von einer „immanenten“ Wissenschaftsanalyse ausgehen, um die Wechselwirkung von Wissenschaft und Gesellschaft nachher als äußere Zusatzbedingung hinzunehmen. Sie muß umgekehrt ihre Analyse unter Berücksichtigung des historischen Zusammenhangs beginnen, in dem die Wissenschaft in der Geschichte der Gesellschaft steht. Dieser Zusammenhang ist in unserer Epoche der Kontext der *wissenschaftlich-technischen Revolution.* Kuczynski hat viel dazu beigetragen, den bisher bei uns und im Weltmaßstab tatsächlich erreichten Stand der wissenschaftlich-technischen Revolution nüchtern einzuschätzen (man kann heute „von den allerersten Anfängen der wissenschaftlich-technischen Revolution“[5] sprechen) und durch eine umfassende Kennzeichnung der wissenschaftlich-technischen Revolution als gesellschaftliches Phänomen ihren scientistischen oder technizistischen Interpretationen das Wasser abzugraben: Sie kann, wie Jürgen Kuczynski bemerkt, nicht anders als in engstem Zusammenhang mit den Produktionsverhältnissen betrachtet werden[6], und sie ist — zum Unterschied von der Industriellen Revolution — nicht einfach mit der Schaffung neuer Klassen und Schichten verbunden: „Die wissenschaftlich-technische Revolution verlangt mehr: Sie verlangt eine neue Gesellschaftsordnung.“[7] In dieser Sicht steht die Wissenschaftsentwicklung in direktem Zusammenhang mit so fundamentalen Problemen unserer Zeit wie dem der Erhaltung des Frie-

[5] Ebenda, S. 14.
[6] Vgl, Ebenda, S. 41.
[7] J. Kuczynski, Wissenschaft und Gesellschaft, Berlin 1972, S. 180.

dens und der allgemeinen Abrüstung[8] und dem der Regelung des Stoffwechsels zwischen Gesellschaft und Umwelt[9] und letzten Endes mit dem Problem aller Probleme — dem welthistorischen Übergang vom Kapitalismus zum Kommunismus. Für die marxistische Wissenschaftsforschung ist es fundamental, die Wissenschaft als einen Teil des Lebensprozesses realer Gesellschaftsordnungen zu begreifen. Bis zu dieser Konsequenz — dem Verständnis des Zusammenhangs von wissenschaftlich-technischer Revolution und Produktionsverhältnissen — geht keine aus der in neurer Zeit zunehmenden Anzahl soziologisierender bürgerlicher Wissenschaftskonzeptionen, die von sich behaupten, den traditionellen Immanentismus der positivistischen Wissenschaftsanalyse zu überwinden. Hier verläuft die Wasserscheide zwischen marxistischen und nichtmarxistischen Standpunkten in der Wissenschaft von der Wissenschaft, die sehr genau beachtet werden muß. Unser Herangehen an die Wissenschaft muß auch bei Untersuchungen kleiner Details vom Blick auf ihre Rolle im Ganzen der sozialistischen Gesellschaft geleitet sein, nämlich: auf ihren Beitrag zu dem einzigen „Wachstum, das unter den Bedingungen einer sozialistischen Welt unter allen Umständen stattfinden muß — und das ist das Wachstum des Wohls des Menschen.“[10]

2. Aus eben diesem Grunde ist es unabdingbar, die fortschreitende Intensivierung der wissenschaftlichen Arbeitsprozesse in der sozialistischen Gesellschaft zu gewährleisten — eine entscheidende Problematik, zu deren Aufklärung Jürgen Kuczynski besonders in seinen Arbeiten *Wissenschaft Heute und Morgen* und *Gesellschaftswissenschaftliche Besinnungen* vieles beigetragen hat. An dieser Stelle sei nur *ein* wissenschaftstheoretisch wesentlicher Aspekt dieser Frage hervorgehoben. Um die wissenschaftliche Produktion zielstrebig zu intensivieren, muß man von ihrem gesellschaftlichen Mechanismus wesentlich mehr wissen, als für eine Steigerung der Erkenntnisproduktion auf der Basis proportionaler Aufwandserhöhung erforderlich wäre. Wir stoßen insbesondere darauf, daß es nicht ausreicht, jeden einzelnen wissenschaftlichen Arbeitsprozeß für sich zu intensivieren (obwohl auch dafür bedeutende Reserven bestehen), sondern daß die „wissenschaftliche Gesamtarbeit“ im ganzen intensiviert werden muß, daß also die Intensivierung des einzelnen Arbeitsprozesses verbunden sein muß mit einer entsprechenden Weiterentwicklung der gesellschaftlichen Bedingungen, unter denen sie ablaufen. Die Wissenschaft von der Wissenschaft darf also, um zur Lösung dieser Aufgabe etwas beitragen zu können, ihr Objekt nicht zu einer Menge unabhängiger Tätigkeiten mit vergleichbaren

8 Vgl. J. Kuczynski, Wissenschaft Heute und Morgen, S. 39.
9 Vgl. J. Kuczynski, Das Gleichgewicht der Null, Berlin 1973.
10 Ebenda, S. 69.

Merkmalen idealisieren, sondern muß es als einen ganzheitlichen Organismus abbilden. Das ist eine methodologische Grundfrage der Wissenschaft von der Wissenschaft: Wenn wir von den inneren Differenzierungen und den darauf beruhenden funktionellen Zusammenhängen innerhalb der Wissenschaft gänzlich abstrahieren, dann erhalten wir Abstrakta, die zu inhaltsarm sind, um auf ihrer Grundlage effektive Empfehlungen für die Intensivierung des Wissenschaftsbetriebes ausarbeiten zu können. Auf die wissenschaftswissenschaftliche Relevanz einer (der für den Sozialismus wahrscheinlich entscheidenden) dieser Differenzierungen hat Jürgen Kuczynski aufmerksam gemacht: der Differenzierung von Natur- und Gesellschaftswissenschaften.[11] Die marxistische Wissenschaftsforschung kann — wir befinden uns da mit Jürgen Kuczynski in voller Übereinstimmung — nicht der in der bürgerlichen Wissenschaftsanalyse verbreiteten Tendenz folgen, von den Unterschieden von Natur- und Gesellschaftswissenschaften zu abstrahieren; sie kann selbstverständlich ebensowenig ihren Unterschied hypertrophieren. Auf der Basis ihrer grundlegenden Gemeinsamkeit als Formen der geistigen Aneignung der Realität entfalten sich wesentliche Unterschiede, die von den Erkenntnisverfahren über die Organisation und Leitung[12] bis hin zu den gesellschaftlichen Funktionen und Überführungsformen[13] reichen. Erst wenn Gemeinsamkeiten *und* Unterschiede verstanden sind, wird auch ihr Zusammenwirken verständlich, dessen Vervollkommnung als einer der hauptsächlichen Intensivierungsfaktoren anzusehen ist und aus dem heraus, nebenbei gesagt, auch erst die gesellschaftliche Spezifik erkennbar wird, die die Naturwissenschaft im Sozialismus annimmt.

3. Zielpunkt der wissenschaftswissenschaftlichen Forschung ebenso wie der auf ihr beruhenden Leitungsentscheidungen im Sozialismus ist die *Persönlichkeit* des wissenschaftlich Tätigen, aber nicht als isoliertes Abstraktum und nicht als funktionalistisch reduziertes Werkzeug, sondern als Ensemble von gesellschaftlichen Verhältnissen, die von den Beziehungen im Arbeitskollektiv bis zu den Produktionsverhältnissen der Gesellschaft und zu dem über den ganzen geschichtlichen Raum erstreckten „großen Kollektiv", „das sich aus allen Wissenschaftlern aller Vergangenheit und Gegenwart zusammensetzt" reichen.[14] Jürgen Kuczynski hat mehrfach den Standpunkt vertreten, daß die Intensivierung der wissenschaftlichen Arbeit im wesentlichen eine Frage der Entwicklung

[11] Vgl. J. Kuczynski, Studien zur Wissenschaft von den Gesellschaftswissenschaften, Berlin 1972.

[12] Vgl., Ebenda, S. 78.

[13] Vgl., Ebenda, S. 59.

[14] Ebenda, S. 50.

der Persönlichkeiten ist.[15] Intensivierungsprogramme, die den „Faktor Mensch" nicht in den Mittelpunkt aller Bemühungen stellen, gehen am Ziel vorbei. Jürgen Kuczynski hat auch darauf hingewiesen, wie ausgeprägt individuell und dabei zutiefst gesellschaftlich die wissenschaftliche Tätigkeit ihrem Wesen nach ist.[16] Feststellungen dieser Art sind von großer Bedeutung, um das unverwechselbare Gesicht der marxistisch-leninistischen Wissenschaftsforschung herauszuarbeiten. Die sozialistische Wissenschaftspolitik steuert das Verhalten der wissenschaftlich Tätigen nicht indirekt über sogenannte „Sachzwänge", sondern wird nur wirksam, indem sie von den wissenschaftlich Tätigen verstanden und bewußt realisiert wird; die Wissenschaft von der Wissenschaft kann den Wissenschaftler daher nicht einfach „unter der Form des Objekts" abbilden, sondern muß ihn als unter konkret-historischen objektiven Bedingungen bewußt handelnde Persönlichkeit begreifen, deren Tätigkeitsinhalt die ideelle Widerspiegelung objektiv-realer Zusammenhänge ist. So wichtig die Suche nach objektiven, vom Bewußtsein der wissenschaftlich Tätigen unabhängigen Charakteristika der Wissenschaft ist — die Wissenschaft von der Wissenschaft würde ihre Aufgabe verfehlen, wenn sie sich einseitig auf Daten dieser Art konzentrieren und die Inhalte des wissenschaftlichen Denkens, die subjektiv-bewußten Motive der wissenschaftlich Tätigen, die persönliche Reflexion der Wissenschaftler über ihre eigene Arbeit geringschätzen wollte. Das *praktische* Problem, für die Intensivierung der wissenschaftlichen Tätigkeit die Vorzüge des Sozialismus voll zu nutzen, erweist sich so als ganz eng verbunden mit dem *theoretischen* Problem, objektivistische und technizistische Tendenzen in der Wissenschaft von der Wissenschaft abzuweisen und mit der marxistisch-leninistischen Fundierung der Wissenschaft von der Wissenschaft in vollem Maße Ernst zu machen. Dazu gehört auch die Notwendigkeit, die Dialektik von Individuellem und Sozialem im wissenschaftlichen Arbeitsprozeß in allen wesentlichen Aspekten zu berücksichtigen. Die Wissenschaft von der Wissenschaft neigt bisher dazu, ihr Objekt als einen spezifischen institutionalisierten Produktionsprozeß anzusehen (Erzeugung von Forschungsresultaten einschließlich ihrer Überführung in die praktische Nutzung). Dieser Rahmen erscheint uns unzulänglich. Jürgen Kuczynski hat den Gedanken begründet, daß die Intensivierung bei den wissenschaftlichen Kadern beginnt[17]; er hat umfangreiche Vorschläge für die Ausbil-

---

[15] „Der Intensivierungsprozeß des wissenschaftlichen Betriebs hat mit der Auswahl und Erziehung der Wissenschaftskader zu beginnen." Vgl. J. Kuczynski, Gesellschaftswissenschaftliche Besinnungen, S. 8.

[16] Vgl. J. Kuczynski, Wissenschaft Heute und Morgen, S. 48 f.; Studien ..., a. a. O., S. 40, S. 51.

[17] Vgl. J. Kuczynski, Gesellschaftswissenschaftliche Besinnungen, S. 8.

dung wissenschaftlicher Kader und die dabei anzustrebenden Normen unterbreitet[18]. Dabei wird auch bemerkt, daß wir die *Verteilung* wissenschaftlicher Kader bisher noch ungenügend beherrschen[19] und daß das Verhältnis von Lehre und Forschung vielfach sehr zu wünschen übrigläßt.[20] Aus solchen und anderen Überlegungen können wir eine grundsätzliche Schlußfolgerung ziehen: Es reicht weder theoretisch noch praktisch aus, wenn man den Produktionsprozeß wissenschaftlicher Resultate und die Reproduktion der Voraussetzungen dieses Prozesses getrennt und unabhängig voneinander behandelt. Die Wissenschaft von der Wissenschaft wird in den Zusammenhang eines Integrationstrends gestellt, der in naher Zukunft sehr wesentlich werden dürfte.

So dienen uns die Gedanken Jürgen Kuczynskis in vielfacher Hinsicht als Anregung, über das Profil der wissenschaftswissenschaftlichen Arbeit nachzudenken. Der Prozeß dieses Nachdenkens, der unsere tägliche Arbeit begleitet, sollte sich viel stärker in einem Stil vollziehen, den Jürgen Kuczynski selbst mit großer Perfektion praktiziert: Er sollte keine Pflichtübung der Spezialisten sein, sondern ein Stück des vielstimmigen interdisziplinären Gesprächs werden, das wir uns wünschen, das wir dringend brauchen und zu dem Jürgen Kuczynski uns aufruft.

18 J. Kuczynski, Wissenschaft Heute und Morgen, S. 16, S. 131.
19 Vgl., Ebenda, S. 71.
20 Vgl., Ebenda, S. 70; Gesellschaftswissenschaftliche Besinnungen, S. 17.

Helga Nussbaum

Deine Schüler sagen Dir Dank!

Lieber Genosse Jürgen Kuczynski!

Stellvertretend für alle diejenigen, die Du ausgebildet hast, die Deine Schüler waren und sind, möchte ich zum Schluß ein paar Sätze sagen.

Nicht von Deinem Forschungsbeitrag soll jetzt die Rede sein — dessen Ausmaß ist von kompetenter Seite gewürdigt worden. Gesprochen werden soll von dem *Erzieher* Jürgen Kuczynski, dem Erzieher mehrerer Generationen von Wissenschaftlern, deren erste nun auch schon ins „Mittelalter" vorgerückt ist und vielfach verantwortungsvolle Tätigkeit in Erziehung und Forschung ausübt.

Worauf beruht die erzieherische Wirkung einer Persönlichkeit, worauf speziell die von Jürgen Kuczynski?

Darüber eine *systematische* Abhandlung vorzutragen, dürfte wohl nicht nur mir, sondern auch anderen seiner Schüler schwerfallen. Fast immer, wenn ein paar von uns zusammensitzen, wird unter anderem auch darüber geredet — auch gestritten. Anekdoten werden erzählt. Das Thema scheint unerschöpflich zu sein. Was aber kann man in fünf Minuten Redezeit dazu sagen? Man kann nur einige Schlaglichter werfen, einige Details hervorheben, und ich will solche herausgreifen, die *mich* besonders beeindruckt haben.

Da ist zum Beispiel die Tatsache — die sich zunächst vielleicht als Selbstverständlichkeit anhört —, daß in den von Jürgen Kuczynski geleiteten Kollektiven niemand Hemmungen zu haben braucht, einer von J. K. geäußerten Meinung, These oder Theorie die *eigene* Meinung, These oder Theorie entgegenzusetzen. Auch *hitzige* Gegenrede ist nicht verpönt — auch der Jubilar selbst übt ja gern hitzige Gegenrede —, und man wird häufig ermuntert, die jeweiligen Antithesen zu publizieren, um die Diskussion in breiterer Öffentlichkeit fortsetzen zu können. Es versteht sich von selbst, daß eine solche Atmosphäre sehr anregend wirkt auf die Produktion eigener Gedanken und Ideen. Diese Atmosphäre des offenen Meinungsstreits, die Ermutigung zum selbständigen Finden und Durchdenken von Problemen und die im Verlauf dieser Debatten *ständig* und am konkreten Beispiel erfolgende Anleitung zum parteilichen Herangehen an die Lösung von Problemen ist wohl für die Erziehung marxistischer Wissenschaftler von unschätzbarem Wert.

Einen weiteren Zug möchte ich erwähnen, der mir ziemlich wichtig erscheint, weil er Vertrauen und Ehrlichkeit erzeugt (oder festigt) und zur Achtung vor der Arbeit anderer erzieht: Jürgen Kuczynski hat *nie* die Arbeitsergebnisse anderer, und sei es des jüngsten Assistenten, in seinen Arbeiten ausgewertet, ohne die Autorschaft genau nachzuweisen. Die im bürgerlichen Wissenschaftsbetrieb noch heute anzutreffende Sitte, Arbeiten oder Zuarbeiten von Assistenten oder anderen Mitarbeitern unter dem Namen des Professors zu veröffentlichen, wird von Jürgen Kuczynski heftig verabscheut. Daß er sie verabscheut, schließe ich nur, und zwar aus der peinlichen Genauigkeit, mit der er mit den Arbeitsergebnissen seiner Mitarbeiter umgeht. Soweit ich mich erinnern kann, hat er uns das Prinzip der wissenschaftlichen Fairneß nie mit Worten erklärt, sondern auch hier, wie in vieler anderer Beziehung, durch Beispiel gewirkt.

Viele Details müßte man erwähnen, die dann doch alle irgendwie zusammenhängen. Reicht jemand eine Dissertation ein oder ein Manuskript zur Beurteilung, braucht er nie lange zu warten, sondern bekommt das Gutachten nach erstaunlich kurzer Zeit. Auch das gehört zu seinen Bemühungen um die Förderung des Nachwuchses, eine stets drängende Förderung, die stets auch mit hohen Forderungen verbunden ist. Das war keineswegs immer bequem, wahrscheinlich kann jeder von uns ein Liedchen davon singen. War die Arbeit mal aus diesem oder jenem Grunde ins Stocken geraten, so pflegte man sich dann doch Mühe zu geben, ihm möglichst nicht in irgendeinem Korridor über den Weg zu laufen — (was einem bloß meistens nie gelang) —, weil dann immer die drängenden Fragen kamen oder, was schlimmer war, man Enttäuschung bemerken mußte. Für Jürgen Kuczynski war es auch nie eine Frage, ob Frauen in der Wissenschaft dasselbe leisten können wie Männer. Das Problem stand einfach nicht zur Debatte. Er hat die Frauen allein schon dadurch ermutigt, daß das für ihn keine Frage war. Andererseits hat er die häuslichen Belastungen und Kindersorgen immer in Rechnung gestellt, hat sich bemüht, diesbezügliche Probleme lösen zu helfen. Überhaupt hat er für die Sorgen *aller* Mitarbeiter immer ein offenes Ohr gehabt, und hat geholfen, wo er konnte. Sehr unduldsam konnte er werden gegenüber vermuteter Faulheit, wütend und empört über jeden noch so kleinen Anschein von intrigantem Verhalten. Seit ich 1960 in die Akademie kam, in die damalige Abteilung von Jürgen Kuczynski, hatte ich das Gefühl, in einem besonders angenehmen Kollektiv zu arbeiten, in dem Offenheit und kameradschaftliches Verhalten die Norm waren und Intrigen nicht geduldet wurden. Ich habe oft darüber nachgedacht, wodurch das erzielt worden ist. Wahrscheinlich *unter anderem* auch durch die Anwendung solcher Methoden wie des makarenkoschen Prinzips der wechselnden Gruppenbildung mit wechselnder Unterstellung für bestimmte Arbeitsaufgaben (also abgekürzt: Heute Leiter, morgen Geleiteter, und umgekehrt).

In der Hauptsache aber, denke ich, ist das durch die erzieherische Grundhaltung Jürgen Kuczynskis erreicht worden, durch das Klima, das damit geschaffen wurde, von dem ich hier nur einige Charakteristika erwähnt habe: offener Meinungsstreit und Parteilichkeit, Vertrauen und Fairneß, Aufmerksamkeit und Fürsorge für die Mitarbeiter bei strikten Arbeitsanforderungen.

Diese Skizze müßte natürlich um vieles ergänzt werden, wollte man ein vollständiges Bild geben von dem, was Jürgen Kuczynski seinen Schülern vermittelt hat. Über die Vermittlung von Wissen, von wissenschaftlicher Weltsicht und Methodik, habe ich gar nicht erst angefangen zu reden, weil das wohl überflüssig ist, nach dem, was heute alles gesagt worden ist. Ich wollte nur noch einmal an den schon mehrfach zitierten Leitgedanken seiner Memoiren anknüpfen: die Erziehung zum *Kommunisten* und Wissenschaftler.

J. K.s Schüler können bezeugen, daß, wo immer er wissenschaftlichen Nachwuchs zu betreuen hatte, die Erziehung zum *Kommunisten* und Wissenschaftler sein Hauptanliegen war.

Lieber Jürgen Kuczynski, abschließend kann ich wohl nicht nur stellvertretend, sondern nun ausdrücklich *im Namen* aller Deiner Schüler sagen:

Unseren Dank für alle Deine Mühen statten wir ab, indem wir uns weiterhin anstrengen, jeder an seinem Platz, als Kommunisten und Wissenschaftler zum Wohle unserer sozialistischen Gesellschaft zu arbeiten.

Jürgen Kuczynski

Replik

Liebe Freunde und Genossen!

Es ist spät geworden, auch in meinem Alter, und ich bin sehr bewegt über alles, was Ihr gesagt habt. Wie hat es mich insbesondere gefreut, daß Ihr auch zu dieser Gelegenheit neue wissenschaftliche Probleme in Euren Ansprachen aufgebracht habt, so daß wir alle belehrt und voll neuer Ideen von hier weggehen!

Wenn ich an die Einschätzungen denke, die Ihr von mir gegeben habt, so — glaube ich — kann man sie in vier Gruppen gliedern, die mir alle vier gleichmäßig gut getan haben.

Die erste Gruppe umfaßt die, die mich kritiklos und undialektisch positiv eingeschätzt haben — eine reine Freude, wenn man gerade in das achte Jahrzehnt geht. Natürlich nur eine kurzfristige Freude, denn nach einiger Zeit muß man sich wieder zusammenehmen. Doch möchte ich ganz offen sagen, daß ich heute diese unkritischen, undialektischen Einschätzungen genauso unkritisch wie undialektisch voller Freude in mich aufgenommen habe, und daß bei mir im Augenblick von einer kritischen Verarbeitung dieses allerjüngsten Erbes in keiner Beziehung die Rede sein kann. Ich möchte zuerst dieser Gruppe von Rednern ganz herzlich danken.

Die zweite Gruppe möchte ich die realistische Gruppe nennen. Sie besteht nur aus einem, meinem Freund Oskar Neumann, der wirklich die Bedeutung der Beziehungen zwischen mir und dem Sport so herausgearbeitet hat, daß die Zukunft sie einfach übernehmen kann. Ich möchte sagen, ein Standardwerk realistischer Einschätzung! Ich danke Dir, Oskar!

Die dritte Gruppe sind diejenigen Freunde, die, zum Teil sehr konstruktiv kritisch, zu einigen meiner theoretischen Meinungen Stellung genommen haben. Gleich beim ersten Redner dieser Gruppe, Wolfgang Eichhorn, begann Helmut Koziolek, der unsere Klasse I für Gesellschaftswissenschaften an der Akademie leitet, darüber nachzudenken, welche der angeschnittenen Probleme wir in der

Klasse besprechen sollten. Und so ging es ihm auch bei den weiteren Rednern, bei dem, was Werner Mittenzwei, was Gunther Kohlmey, was andere gesagt haben. Das heißt, die dritte Gruppe der Einschätzungen wird, möchte ich sagen, mein polemisches Denken in den nächsten Monaten, vielleicht sogar Jahren bestimmen. Man hat also eine Art Programm für mich entwickelt, in welcher Richtung ich mich, zumindest polemisch, weiter entwickeln soll, und ich danke gerade auch diesen Freunden ganz intensiv für ihre Beiträge.

Eine ganz besondere Gruppe waren die Beiträge von den Freunden aus der Sowjetunion, aus Polen, aus der Tschechoslowakei, die mich sehr beglückt haben. Denn es ist natürlich ein besonders schönes Gefühl, wenn man nicht nur an dem Ort, wo man arbeitet, sondern auch in den sozialistischen Bruderländern meiner Arbeiten gedenkt. Es waren immer besonders schöne Erlebnisse für mich, in den sozialistischen Ländern zu sprechen, Vorträge zu halten, Artikel zu veröffentlichen, Übersetzungen meiner Publikationen zu sehen. Und das ist mir gewissermaßen jetzt, von Euch, Ihr lieben Genossen, noch einmal so ganz bewußt gemacht worden.

Ich will nicht länger sprechen, sondern nur noch eines bemerken: Manchmal sagt man, daß auf Grund solcher Veranstaltungen eine besondere Verpflichtung für den Betroffenen entsteht; ich möchte eigentlich meinen, daß nicht eine besondere Verpflichtung für mich aus Euren Reden herausgeklungen ist, sondern vielmehr die Erlaubnis, weiter so arbeiten zu dürfen, wie ich gearbeitet habe, und dafür danke ich Euch allen.

Autorenverzeichnis

Wolfgang Eichhorn, Ordentliches Mitglied der Akademie der Wissenschaften der DDR
Joachim Herrmann, Ordentliches Mitglied der Akademie der Wissenschaften der DDR
Gunther Kohlmey, Ordentliches Mitglied der Akademie der Wissenschaften der DDR
Helmut Koziolek, Ordentliches Mitglied und Vorsitzender der Klasse Gesellschaftswissenschaften I der Akademie der Wissenschaften der DDR
Prof. Dr. Günther Kröber, Direktor des Instituts für Wissenschaftstheorie und -organisation der Akademie der Wissenschaften der DDR
Jürgen Kuczynski, Ordentliches Mitglied der Akademie der Wissenschaften der DDR
Prof. Dr. D. J. Melnikow, Leiter der Abteilung Europäische Länder des Instituts für Weltwirtschaft und Internationale Beziehungen der Akademie der Wissenschaften der UdSSR
Werner Mittenzwei, Ordentliches Mitglied der Akademie der Wissenschaften der DDR
Oskar Neumann, Mitherausgeber des „Kürbiskern", Zeitschrift für Literaturkritik und Klassenkampf, München
Dr. Helga Nussbaum, Abteilungsleiter im Institut für Wirtschaftsgeschichte der Akademie der Wissenschaften der DDR
Robert Rompe, Ordentliches Mitglied und Vorsitzender der Klasse Physik der Akademie der Wissenschaften der DDR
Heinrich Scheel, Ordentliches Mitglied und Vizepräsident der Akademie der Wissenschaften der DDR
Prof. Dr. Sergej Iwanowitsch Tulpanow, Verdienter Wissenschaftler der RSFSR
Václav Vaňeče, Mitglied der Tschechoslowakischen Akademie der Wissenschaften
Jozef Zawadzki, Mitglied der Polnischen Akademie der Wissenschaften

FSC
www.fsc.org
MIX
Papier | Fördert
gute Waldnutzung
FSC® C083411

Kolibri 360 GmbH
Ferdinand-Jühlke-Straße 7
99095 Erfurt, Deutschland
produktsicherheit@kolibri360.de